はじめに

「スポーツツーリズム」とは、プロ野球の観戦、市民マラソンへの参加、オリンピックの運営ボランティアなど、さまざまな形でのスポーツとのかかわりを観光資源としてとらえ、国内観光の振興や訪日外国人の増加につなげるというものである。

旅行（ツーリズム）研究の先進国である欧米諸国では、ツーリズムという学問分野がはやくから確立されており、これに加えて近接領域であるレジャー・レクリエーション分野からアプローチした研究成果も数多く発表されている。このことは、1984年のロサンゼルスオリンピックにおけるスポーツビジネスの成功例が大きく影響しているものと考えられるが、こうした世界規模のスポーツイベントに社会的・経済的効果が期待でき、欧米諸国では「スポーツ」と「ツーリズム」の関係を注視していたからにほかならない。

これに対し、わが国では1993年に日本国際観光学会（JAFIT）が誕生し、日本におけるツーリズム研究の基礎的な環境整備がされた。しかし、わが国では欧米諸国のようなレジャー・レクリエーション、スポーツといった領域からツーリズムを扱う研究が遅れており、これまで若干の先行研究はあるものの、未開拓な研究分野であると言わざるを得ない。

そこで、わが国では「スポーツツーリズム」に対する取り組みが遅れている現状を踏まえ、観光庁は2010年5月、スポーツをキーワードに観光を盛り立てる「スポーツツーリズム」の普及に向け、「スポーツ・ツーリズム推進連絡会議」を開催することになった。さらに同年6月、沖縄県では「スポーツツーリズム沖縄実行委員会」、2012年4月には「一般社団法人スポーツツーリズム推進機構（JSTA）」を発足させるなど、各地域においても積極的な活動がみられるようになり、近年「スポーツツーリズム」という考え方が大きく注目を集めるようになってきた。

スポーツツーリズムの推進には、まず「するスポーツ」「観るスポーツ」「支えるスポーツ」の市場分析が必要である。この点でいうと、わが国では人口に占めるシニア層の割合が増加することから、特にシニア層の関心が高いレジャー・余暇活動を中心に、今後の消費動向に影響を与える可能性がある。また、バブル崩壊後、観光消費の中心が企業から個人やグループへと変化していき、地域の魅力が重要視されるようになっていることも注目すべき点である。

そこで、本研究所スポーツツーリズム研究部会（杉谷正次、石川幸生、青木葵、藤森憲司、葛原憲治、寺島雅隆、御園慎一郎）は、わが国におけるスポーツツーリズムの可能性を探ることを目的に、とりわけ生涯スポーツの視点からスポーツツーリズムを捉え、それをどのように推進していくことが魅力ある地域づくりにつながるかということについて研究を行ってきた。

　そして、このたび本研究部会の研究成果を、地域創造研究叢書としてまとめる好機を得ることとなり、研究部会メンバーがそれぞれの章を分担執筆し、次のとおり研究叢書を著すことになった。

　第1章では、わが国における観光立国実現への取り組みについて、その現状と課題について示した。第2章では、スポーツツーリズムを推進する地域の取り組みとして、沖縄県におけるスポーツツーリズム、北海道ニセコ地域におけるスポーツツーリズムの成功事例を紹介した。第3章では、生涯スポーツとしてのスポーツツーリズムの可能性を探るべく、鳥取県湯梨浜町が主催するグラウンド・ゴルフ発祥地大会の事例、北海道幕別町発祥のパークゴルフによるスポーツツーリズムの事例、岐阜県下呂市の卓球によるスポーツツーリズムの事例について調査研究を実施し、少子超高齢化社会における生涯スポーツ社会実現への取り組みについて言及した。また、第4章では、スポーツツーリズムとヘルスツーリズムの関係について、歴史的経緯、意義、課題について述べた。

　最後に本研究成果が、今後のスポーツツーリズムの推進と新しい生涯スポーツ社会実現に向けての一助となる著作となれば幸いである。

2015年8月

スポーツツーリズム研究部会
杉谷正次（主査）
石川幸生（副査）

目　　次

はじめに　iii

第 1 章　わが国における観光立国実現への取り組み　藤森 憲司　1
Ⅰ　観光の意味　5
Ⅱ　観光の語源　5
Ⅲ　わが国における観光立国実現への取り組みの現状　8
　1　2003 年〜 2011 年の取り組み　10
　2　2012 年の取り組み　15
　3　2013 年〜 2015 年 7 月の取り組み　16
Ⅳ　わが国における観光立国実現の課題　21

第 2 章　スポーツツーリズムを推進する地域の取り組み　杉谷 正次　25
Ⅰ　沖縄県におけるスポーツツーリズム　25
　1　沖縄県における観光発展の経緯　25
　2　沖縄県における観光産業の現状　27
　3　沖縄観光の特徴　29
　4　沖縄観光の振興とスポーツツーリズムの必要性　33
　5　沖縄観光におけるスポーツツーリズムの現状と課題　37
Ⅱ　北海道ニセコ地域におけるスポーツツーリズム　42
　1　北海道ニセコ地域における観光発展の経緯　42
　2　訪日外国人来道者とニセコ地域の外国人観光客　43
　3　ニセコ地域に外国人観光客が急増した理由　46
　4　ニセコ地域におけるスポーツツーリズムの現状　48
　5　国際リゾートをめざすニセコ地域の課題　51

第 3 章　生涯スポーツとしてのスポーツツーリズムの可能性を探る　58
Ⅰ　グラウンド・ゴルフによるスポーツツーリズム
　　——鳥取県湯梨浜町発祥地大会の事例から　青木 葵　59
　1　グラウンド・ゴルフと発祥地大会　59
　2　調査方法と調査内容　60
　3　調査結果　61
　4　まとめ　67

Ⅱ　パークゴルフによるスポーツツーリズム　石川 幸生　72
　　　1　パークゴルフの軌跡　72
　　　2　調査方法と調査内容　73
　　　3　調査結果　74
　　　4　まとめ　80
　　Ⅲ　卓球によるスポーツツーリズム　石川 幸生　83
　　　1　ラージボール卓球を活用したスポーツツーリズムへの取り組み　83
　　　2　調査方法と調査内容　85
　　　3　調査結果　86
　　　4　まとめ　92
　　Ⅳ　少子超高齢社会における生涯スポーツ社会実現への取り組み
　　　　――スポーツツーリズムの可能性について考える　石川 幸生　93

第4章　スポーツツーリズムとヘルスツーリズム　葛原 憲治　95
　　Ⅰ　ヘルスツーリズムの歴史　95
　　Ⅱ　ヘルスツーリズムの定義　96
　　Ⅲ　ヘルスツーリズムの類似概念の違い　97
　　Ⅳ　ヘルスツーリズムの形態　97
　　Ⅴ　ヘルスツーリズムの形態と事例タイプの対応関係　99
　　Ⅵ　ヘルスツーリズムとスポーツツーリズムの関係　100
　　Ⅶ　ヘルスツーリズムの意義　100
　　Ⅷ　ヘルスツーリズムの課題　102
　　Ⅸ　ヘルスツーリズムにおける科学的根拠を持つ先進事例　104
　　　1　旅行後のITによる遠隔セルフモニタリングと支援の効果　104
　　　2　沖縄短期スパ旅行　105
　　　3　治療の対象として――温泉治療から健康増進・ヘルスツーリズムへ　106
　　　4　ヘルスツーリズムにおける食育プログラムの開発　106
　　　5　ヘルスツーリズムにおける運動プログラムの開発　107

おわりに　113

第 1 章　わが国における観光立国実現への取り組み

　少子高齢化が進む日本にとって、これまで日本経済の「稼ぎ頭」だった、ものづくりでの輸出による貿易収支が伸び悩んでいる。一方で、日本を訪れる外国人旅行者増加による旅行収支や、日本企業の海外での儲けである所得収支が経常収支を押し上げるなど、日本の稼ぎ頭の主役が大きく変わってきた。

　2015 年 5 月に発表された財務省による 2014 年度の国際収支統計速報によると、貿易赤字額は前年より縮小はしたが、6 兆 5,708 億円の赤字となった。貿易収支の赤字は、原油高と東日本大震災後の原発停止による火力発電への依存度が高まり、エネルギー輸入が急増した 2011 年から 4 年連続となった。そんな中、注目されているのが旅行収支である。旅行収支とは、日本を訪れた外国人が国内移動・宿泊・飲食・土産物などに使ったお金（受け取り）から、日本人が海外旅行で外国に支払ったお金（支払い）を差し引いたものである。2013 年度の 5,304 億円の赤字から 2014 年度は 2,099 億円の黒字となった。この旅行収支の黒字は、1959 年度以来、実に 55 年ぶりである。原動力となったのが訪日外国人の急増だ。2014 年度は前年比約 130％増の 1,341 万人で過去最多となった。日本政府観光局が 2015 年 7 月 22 日発表した 2015 年上半期（1 〜 6 月）の訪日外国人数は、過去最高だった 2014 年上半期（625 万 8,543 人）の 46％増の 913 万 9,900 人となった。円安で日本への旅行が割安になったほか、訪日ビザ（査証）の緩和、消費税の免税対象の拡大が追い風となり、中国などアジアを中心に訪日客数がさらに急増したのである。因みに 2015 年上半期の出国日本人数は 4.9％減の 762 万 2,800 人であった。観光局によると、上半期の訪日外国人数が出国日本人数を上回ったのは、1970 年以来 45 年ぶりだという。

　2002 年 2 月小泉首相による施政方針演説で、海外からの旅行者の増大と、それを通じた地域の活性化を図るとの方針が示され、観光は国の重要政策課題となった。

　さらに翌 2003 年 1 月小泉首相の施政方針演説では「2010 年に訪日外国人旅行者倍増 1,000 万人に」と具体的な数値目標を提示しての観光立国宣言がされた。2007

年には、43年振りに全面改正された観光基本法にかわる観光立国推進基本法の制定がされた。2008年には、これまで各省庁に分散していた観光行政を一本化すべく、観光庁の設立がされた。まさに観光を日本における21世紀の重要な産業として、国を挙げて取り組むべく体制づくりができたのである。

　このように観光立国という言葉は、小泉首相によるものと一般には知られているが、今から振り返ること61年前の1954年、松下幸之助が『文藝春秋』5月号に「観光立国の弁」[1]を掲載している。1954年は、終戦から9年が経過しているが、まだまだ日本は戦後復興の最中で、2年後の1956年7月に発表された経済白書で「もはや戦後でない」と、その後に続く日本の高度経済成長への開幕宣言前の時期である。そんな時期に松下は、観光立国を提唱しているのである。趣旨は以下のとおりである。

(1) 観光に対する理解なり認識の度合いが、官民ともに極めて低調でした。第一、政府がこれにあまり乗り気でない〈中略〉ただ石炭を掘ること、石油を探すこと、そして商品を輸出することに、国民をあげて力を注いできました。

(2) 戦後、経済自立の道として、工業立国、農業立国あるいは貿易立国などとやかましく叫ばれて、これに多くの金を費やされました。〈中略〉観光立国こそ、わが国の重要施策としてもっとも力を入れるべきものといえるでしょう。私が観光立国を、声を大にして叫ぶ所以である。

(3) ドルを獲得するという点から見たならば、観光もまた広い意味での立派な貿易であると言えます。〈中略〉ただ、富士山や瀬戸内海は輸出ができないので向こうから見にきてもらうことにすぎません。しかも、いわゆる物品の輸出貿易は、日本のなけなしの資源を出すのですが、富士山や瀬戸内海はいくら見ても減らないのです。運賃も要らなければ、荷造り箱も要りません。

と当時から、日本の進むべき道を貿易立国ではなく、観光立国だと主張しているのである。次に観光の利点について次のように述べている。

(4) 観光立国によって生み出されてくる最大の利益は、日本が平和の国になるということです。人間は誰も、美を愛し、文化を愛するようにできている。戦時中、あれだけひどい爆撃を受けたが、アメリカは奈良を破壊しなかったし、京都も爆撃しなかった。〈中略〉わが国も、観光立国によって全土が美化され、文化施設が完備されたならば、その文化性も高まり、中立性も高

まって、奈良が残され、京都が残されたように、諸外国も日本を、平和の楽土としてこれを盛り立ててゆくことだろう。これほど大きな平和方策は他にあるまい。

(5) 観光立国は何も金儲けのためだけでやるのではない。持てるものを他に与えるという博愛の精神からも、また国土の平和のためという崇高な理念からも、堂々とこれを実行すべき唯一の立国方策なのだ。

そして、最後に観光庁の設立と観光人材育成について次のように述べている。

(6) これほど重要な立国方策なのだから、これを実行するためには、どうしても専門の役所を設けなくてはならない。行政機構を整理するだけではなく、必要な場合には拡張も必要だし、新設も必要だと思う。だからこの際思い切って観光省を新設し、観光大臣を任命して、この大臣を総理、副総理に次ぐ重要ポストに置いたらいい。

(7) 現在、覚え切れないほどたくさんある国立大学の中、そのいくつかを観光大学に切り替えて、観光学かサービス学を教えることによって、優秀な専門のガイドも養成したいものだ。

上記のとおり、長々と松下の観光立国の弁について紹介したが、松下の先見の明には驚くばかりである。その後、日本は松下が述べたような観光立国には進まず、松下が懸念した、ものづくりの輸出である貿易立国への道を歩んできたのである。

本章においては、2003年の小泉首相による観光立国宣言から13年が経過した現在、これまでの日本政府が進めてきた観光立国の現状と課題について検証する。特に、2013年までの10年間は、観光立国という言葉ばかりが先行し、具体的な成果を出すことができなかった。しかし、2013年9月にブエノスアイレスで開催された国際オリンピック委員会総会で2020年東京でのオリンピック・パラリンピックの開催が決定して以降変化した。前回の第1回東京オリンピックが開催された1964年以来56年ぶりの2度目の開催となる。1964年は、日本人にとって海外旅行が自由化され、東海道新幹線が開業するといった日本の観光にとって記念すべき年であった。

この2013年の東京オリンピック開催決定以降、日本の観光立国政策が大きく動くのである。2020年には、訪日外国人数を2,000万とする目標を示したのである。翌2014年は、先に述べたように訪日外国人数が、前年比約130％増の1,341万人で過去最多となった。大きく伸びた要因は、アジアからの訪日客数の急増である。

その中でも特に新聞・テレビ等が連日話題にするのが、訪日中国人による「爆買い」[(2)]である。先に述べた旅行収支の黒字も、この訪日中国人による「爆買い」の効果である。日本政府観光局によれば2014年に訪日した中国人観光客数は約241万人（訪日観光客総数の約18％）であったが、日本での消費額は約5,600億円と訪日外国人消費総額（約2兆円）の25％を占めていた。2015年2月は、特に中国の春節（旧正月）休暇に多くの中国人が訪日し話題となった。7月22日の発表によれば2015年上半期の訪日外国人のトップは、これまで2位だった中国人観光客で、前年のほぼ倍増の217万人であった。7月には中国人観光客約4,600人を乗せた大型客船「クァンタム・オブ・ザ・シーズ号」（全長347m）が島根と鳥取両県が管理する境港に寄港した。乗客のうち約600人による旺盛な消費意欲の「爆買い」を、連日ニュースだけでなくTVのワイドショーでも取り上げていた。
　いまや、訪日中国人による「爆買い」は、日本だけでなく世界各国で話題となっている。中国天津市の企業グループが2015年の大型連休だった5月上旬、6,000人余りの社員旅行でフランスを訪問した。高級ホテルの部屋を大量に予約するなどして、1,300万ユーロ（17億5,000万円）を使ったと話題になっている。欧州のメディアは「欧州市場最大規模の社員旅行」などと報じた。このように、日本だけでなく、世界各地で中国人の「爆買い」が大きな話題となっている。2015年1月、中国政府国家旅遊局の発表によると、2014年に海外を訪れた中国人観光客はついに1億人を超えたとのことである。2015年2月に中国国家外為管理局の発表では、2014年に海外を訪れた中国人観光客の消費額は1,650億ドル、つまり20兆円近くにも達している。これは、2014年の1年間に訪日した外国人観光客消費総額（約2兆円）の10倍近くになっている。今後、中国人の外国訪問はさらに増加するであろう。このように、日本の観光立国がいまや訪日中国人による経済的な効果がある「爆買い」だけが大きな話題となっているのが現状である。
　先に紹介した松下が観光立国の弁で述べていた「観光立国は何も金儲けのためだけでやるのではない」と、あるように博愛の精神を持って取り組むべき課題であると考える。過去の日本人がそうであったように中国人旅行者だって、いずれ高品質な物が自国内で自由に豊富に入手できるようになれば、海外での爆買い行動もなくなるのではないだろうか。日本が松下の考える本当の意味での観光立国への道を歩むためには、日本の観光立国政策が、訪日外国人による一時的な買い物だけを当てにするのでなく、本当の意味での日本が持てる素晴らしい自然や文化を活かした観

光立国を実現すべきではないだろうか。

　本章では、わが国における観光立国実現への取り組みについて考察する。まず、観光の意味・語源について、次に歴代首相による施政方針演説や所信表明演説から、わが国における観光立国の行政の取り組みを紹介し、その現状と課題について述べる。

I　観光の意味

　観光立国の現状をみる前に、観光の現代的意味について改めて考える。新村出編『広辞苑第六版』（岩波書店、2008年）によれば、「他の土地を視察すること、またその風光などを見物すること」と記述されている。次に三省堂編修所編『広辞林第六版』（三省堂、1983年）では、「①他国の文物・制度などを視察すること　②名所・史跡・風物・景色等を見物すること」と記述されている。小学館編『日本国語大辞典第二版（第三巻）』（小学館、2001年）では、「①他国、他郷の景色、史跡などを遊覧すること。また、風俗、制度等を視察すること。語誌 [3]『観国之光。利用賓于王』とあるように、漢籍 [4] では、もともと国の威光を見る意で、国の文物や礼制を観察するという意味があった。日本でも中世以降ほぼ同様の意で用いられてきたが、現在のような遊覧の意味で用いられるようになるのは、比較的新しく、明治期後半からである」と記述されている。

　上記から、観光には、「視察する」という意味と「見物・遊覧する」という二つの意味が存在する。そして、一つ目の「視察する」の対象物は、他国の土地・文物・制度・風俗である。二つ目の「見学・遊覧する」の対象物は、他の風光・名所・史跡・風物・景色などである。「視察する」には調査・研究といった学術的な要素が強く、「見学・遊覧する」は物見遊山的な要素が強いと解釈できる。そこで、次に『日本国語大辞典』の語誌に記述されている「観国之光。利用賓于王」について紹介するとともに、現在のような遊覧の意味としての使われるようになったとされる、明治期後半の時代状況について次に検証する。

II　観光の語源

　観光の語源は古く、今から2000年前にさかのぼる。当時の中国の儒教の経典に

ある四書五経の一つ『易経』にある「観国之光。利用賓于王」に由来するといわれている。「訓読では、国の光を観るは、もって王たるに賓によろし」で、「一国の治世者はくまなく領地を旅して、民の暮らしを観るべしと説いている。民の暮らしは政治の反映であり、善い政治が行われていたならば、民は生き生きと暮らすことができ、他国に対して威勢光輝を示すことが出来る」（溝尾良隆編著『観光学全集第1巻』原書房、2009年）の意味である。この語源にあるように、観光の原点は、ただ単に名所や風景などの「光を観る」ことだけでなく、一つの地域に住む人々がその地に住むことに誇りをもつことができ、幸せを感じることによって、その地域が「光を示す」ことにある。まさに観光という言葉の第一義的な意味は、他国や自国の素晴らしい土地、文物、制度、風俗などを「視察する」ことによって、国づくりや地域づくりに役立てる。まさに、2006年に43年振りに改正された観光立国推進基本法に記載されている観光立国の基本理念である「住んでよし、訪れてよしの国づくり」にあるように、住む人が地域の魅力（＝「光」）をよりよく自覚するとともに、訪れる人がその「光」をよりよく感じることができるという、町づくりと密接に関わっているのである。

　この「観光」という言葉が日本ではいつごろから使われたのだろうか。現在わかっているのは、日本初の海軍練習船が「観光丸」と命名されている。1854年、ペリーの黒船来航の翌年、日本が鎖国から開国へと向かっていく矢先、溝尾（2009）によれば、「勝海舟が『長崎のオランダ商館長ドンケル・クルチウスは幕府に勧告して、日本も海軍を建設し、軍艦製造に着手し、そのための要員人材を教育すべきことを進言し、幕府もその勧告に従うことになった』と述べている。1854年にオランダの軍艦スームビング号が来航し、3ヶ月間の海軍初歩技術の指導をした後、この船を日本に寄贈することになった。この洋式軍艦を、翌年『観光丸』と命名した」と記述している。このように、この観光丸が「観光」の本来の語源である海外の進んだ技術を「視察して学ぶ」という調査・研究といった学術的な要素から名付けられていたことが分かる。

　次に観光という言葉を使ったのは、2015年2月に安倍首相が施政方針演説で紹介した、明治国家の礎を築いた岩倉具視である。安倍首相はその演説において、岩倉具視は近代化が進んだ欧米列強の姿を目のあたりにした[5]後、「日本は小さい国かもしれないが、国民みんなが心一つにして、国力を盛んにするならば、世界で活躍する国になることも決して出来ない訳はありません」と岩倉の言葉を引用している。

第 1 章　わが国における観光立国実現への取り組み　　7

資料 1-1　米欧回覧実記

(出所) 久米邦武編『米欧回覧実記』岩波書店、1977 年

　この岩倉の視察について紹介すると、岩倉具視は、明治維新直後の1871 (明治4) 年12月に横浜港を出航して1873 (明治6) 年9月に横浜港に帰航するまでの1年9カ月間 (632日間)、欧米12カ国を視察したのである。当時の政府が、開国したばかりの日本を早く近代国家に発展させるために、政府の高官であった、岩倉具視 (当時47歳) を特命全権大使として46名に及ぶ使節団と18名の大使・副使の随行者、43名の華士族・書生など留学生、計107名に欧米の政治・経済事情を視察させたのである。使節団には、若き日の大久保利通 (42歳)、帰国後4度に亘り首相を務めた伊藤博文 (31歳)、木戸孝允 (39歳) などの政府要人が随行した。使節団の記録は、資料1-1の『米欧回覧実記』として1878 (明治11) 年に、隋行した久米邦武 (33歳) の編集により太政官から刊行された。この明治の公文書の扉に、特命全権大使である右大臣岩倉具視が「観」と「光」を揮毫している。この資料は、当時「観光」という言葉の意味が、本来の「視察して学ぶ」という学術的な要素の強いものとして使われていた事実を証明するものである。当時の知識人は正確に「観光」という語源の意味を認識していたことを示す貴重な資料といえる。

　このように、江戸時代後期から明治時代初期においては、「観光」という言葉の意味が「視察する」という意味で使われていたのだが、『易経』が完成したといわれる紀元前3世紀半ばから、明治初期のこの時代までの長い間、観光という言葉の原点が易経であるかどうかについては、様々な研究がある[6]。

　次に、「観光」がもつもう一つの現代的な意味である「見物・遊覧する」について検証する。前述した『日本国語大辞典』には比較的新しく明治期後半と記載され

ている。藤森（2011）では、『日本国有鉄道百年史』（1972、日本国有鉄道）と『日本交通公社七十年史』（1982、日本交通公社）から、「1925年には、現在旅行会社で販売されている、パッケージツアーが発売されている。その名称は、『クーポン式遊覧切符』である。鉄道省[7]が切符を作製し、当時のビューロー[8]に販売をさせた[9]のである。この遊覧切符は、乗車券・乗船券・旅館券が一冊にセットされていて、発駅から着駅まで、そのつど途中での切符を買う面倒が無く、乗車券・乗船券にも割引があったので、大変好評だった。当初は、香取鹿島回り、富士山麓回りの8種であったが、翌年にはさらに、海水浴・キャンプ・登山・観楓・スキー・観梅等が発売された。1930年以降は、鉄道省の旅客誘致に積極的に貢献した」とある。日本に鉄道が初めて開通したのが、1872年新橋から横浜である。その後、国・民間を交えて日本全国で鉄道開設ブームが起きた。その後、1894年日清戦争・1904年日露戦争が起こり、国は鉄道政策の主導権を握るために1910年に主要な民間鉄道を買収し国有化した。鉄道国有化により、それまで国が占める鉄道のシェアーは32％だったが、買収が終わる1907年には、91％へと飛躍的に増大した。この当時、国が全国の鉄道網を国有化し、営業成績を向上させるためにも、遊覧という言葉で広く国民に誘致をしていたことが分かる。日本における本格的な旅行業[10]として始まったジャパンツーリストビューローの創立は1912年であるので、この時代以降、日本では「観光」の意味が、物見遊山的な遊びの要素が強くなったと考えられる。先に紹介した松下（1954）も、日本がこれまで観光を活かさなかった原因は、「日本人の人生観なり社会観がかなり大きな影響を与えているのかも知れません。勤勉を尊んで遊びを卑しみ、遊ぶことが時には悪徳視されたことすらあります」と記述している。松下は1894（明治27）年に誕生しているので、明治期後半以降、現代に至るまで、松下が記述しているように国民にとって「観光」は、「見学・遊覧する」という遊びの要素が強くなったものと考えられる。

III　わが国における観光立国実現への取り組みの現状

2003年、小泉首相による観光立国宣言がなされてから、今年で13年目となる。その間、小泉・安倍・福田・麻生・鳩山・菅・野田・安倍と8人の首相が交代した。歴代首相の観光立国に対する考え方や方針がどのように継承されているのか。どのように変化してきたのか。つまり、この間における、歴代首相による施政方針

表1-1 歴代首相の演説と観光行政の動き

年	月	歴代首相の演説と観光行政の動き	政権期間	首相
2003年	1月	①小泉首相／施政方針演説	2001年4月〜2006年9月	小泉首相
	4月	②ビジット・ジャパン・キャンペーン開始		
	5月	・第1回観光立国関係閣僚会議開催		
	9月	③小泉首相／所信表明演説		
	9月	④観光立国担当大臣任命		
2004年	9月	・2010年訪日外客1,000万人達成へのロードマップ作成		
	10月	⑤小泉首相／所信表明演説		
2005年	3月	・愛・地球博覧会開催(〜9月)・中部国際空港開港		
	7月	・中国人査証発行対象地域を中国全土へ拡大		
2006年	9月	⑥安倍首相／所信表明演説	2006年9月〜2007年9月	安倍首相
	12月	⑦「観光立国推進基本法」成立		
2007年	6月	⑧「観光立国推進基本計画」を閣議決定		
	9月	⑨安倍首相／所信表明演説		
	10月	⑩福田首相／所信表明演説	2007年9月〜2008年9月	福田首相
2008年	1月	・福田首相／施政方針演説		
	4月	⑪ビジット・ワールド・キャンペーン開始		
	5月	⑫「観光圏整備法」成立		
	9月	⑬麻生首相／所信表明演説	2008年9月〜2009年9月	麻生首相
	10月	⑭「観光庁」設置		
2009年	10月	⑮鳩山首相／所信表明演説	2009年9月〜2010年6月	鳩山首相
2010年	6月	⑯菅首相／所信表明演説	2010年6月〜2011年9月	菅首相
	10月	⑰菅首相／所信表明演説		
2011年	3月	・東日本大震災発生		
	9月	⑱野田首相／所信表明演説	2011年9月〜2012年12月	野田首相
2012年	3月	⑲観光推進基本計画の目標達成状況		
	3月	⑳「新・観光立国推進基本計画」を閣議決定		
2013年	1月	㉑第1回「国土交通省観光立国推進本部」設置	2012年12月〜2015年7月(現在)	安倍首相
	3月	㉒第1回「観光立国推進閣僚会議」設置		
	6月	㉓観光立国実現に向けたアクション・プログラム2013		
	6月	・「日本再興戦略——JAPAN is BACK」が閣議決定		
	9月	・東京オリンピック開催決定		
2014年	1月	㉔安倍首相／所信表明演説		
	6月	㉕観光立国実現に向けたアクション・プログラム2014		
	9月	㉖安倍首相／所信表明演説		
2015年	2月	㉗安倍首相／施政方針演説		
	6月	㉘観光立国実現に向けたアクション・プログラム2015		

(出所)首相官邸・観光庁資料により筆者作成

演説[11]・所信表明演説[12]から、行政の立場としての国の観光立国実現への取り組みを検証してみる。

　表1-1は、2003年1月の小泉首相による国を挙げて観光に取り組むという観光立国宣言をした施政方針演説から、2015年6月現在の安倍首相までの歴代首相の各演説、行政による観光立国の動き、そして観光に関連する出来事を時系列にて一覧にしたものである。

　この13年間の観光立国実現への取り組みについて3つの期間に区分して検証する。まず、観光立国宣言がされた2003年から、東日本大震災が発生した2011年までの期間。つぎに、2007年に計画された観光立国推進基本計画の目標達成状況が発表され、そして新たな基本計画が閣議決定された2012年。そして、第3次安倍内閣が誕生し、訪日外国人が初めて1,000万人を達成した2013年から2015年7月までの期間である。

1　2003年～2011年の取り組み

①2003年1月／小泉首相による国会での施政方針演説

　日本の魅力再生をテーマに、「観光の振興に政府を挙げて取り組みます。現在日本からの海外旅行者が年間約1,600万人を超えているのに対し、日本を訪れる外国人旅行者は約500万人にとどまっています。2010年にこれを倍増させることを目標とします」と、具体的に訪日外国人を1,000万人にするという目標を掲げ、「観光立国宣言」がなされた。この時より、国は観光を重要な産業として取り組んでいくことになった。松下の観光立国の弁から遅れること49年後の「観光立国」のスタートである。

②2003年4月／ビジット・ジャパン・キャンペーン開始

　訪日外国人旅行者数を2010年に1,000万人とする目標に向け、日本の観光魅力を海外に発信するとともに、日本への魅力的な旅行商品の造成等を支援するため、国土交通大臣が本部長となり、「グローバル観光戦略」に基づき、関係省庁および民間団体企業が参加して、「ビジット・ジャパン・キャンペーン実施本部」を発足した。スタート時点で、イラク戦争[13]とSARS[14]騒動で出鼻をくじかれるという不運もあったが、「観光立国」実現に向けて官民が一体となってスタートした。

③2003年9月／小泉首相による国会での所信表明演説

　「国から地方へ」「官から民へ」をテーマに、演説した内容は、「『地域おこし』は

『国おこし』につながります。稚内から石垣まで、全国で都市再生の事業が動き始めました。『住んでよし、訪れてよしの国づくり』に向けた観光立国を実現するとともに、日本を外国企業からの投資先として魅力あるものにしてまいります。〈中略〉野球、サッカー、水泳、陸上競技、体操、柔道での若者の活躍には目をみはるものがあります。最近3年間で4人ものノーベル賞受賞者の誕生。国際映画祭での最優秀作品賞や監督賞の受賞。経済だけでなく、文化、芸術、スポーツ、科学、いずれの分野でも、日本は世界で高く評価されています」と2006年に43年振りに改正される「観光立国推進基本法」の基本理念である「住んでよし、訪れてよしの国づくり」が発表された。

④ 2003年9月／石原国土交通大臣を観光立国担当大臣として任命
⑤ 2004年10月／小泉首相による国会での所信表明演説

　地域の再生と経済の活性化をテーマに、「私は、昨年2010年に外国人旅行者を1,000万人に倍増させる計画を発表しました。全国各地で『観光カリスマ』と呼ばれる人々が住民と一緒になって、隠れた観光資源を掘り起こし、その魅力を発信しています。地域や町が知恵と工夫をこらして、住民が誇りを持ち、外部の人からも訪れたいと思われる場所に変わろうと奮闘中です。

　この7月には熊野古道が、我が国で12番目の世界遺産に登録されました。政府としても、各地域が自然や景観をいかした観光を進め、地域経済の活性化にもつながるよう、ビザの免除や外国語標識の拡大など外国人が旅行しやすい環境を整備するとともに、特区制度を活用した規制改革や補助金制度改革によって、地域や街の振興を図ってまいります」と継続して観光立国への取り組みを表明している。

⑥ 2006年9月／安倍首相による国会での所信表明演説

　「美しい国、日本」をテーマに、「私が目指すこの国のかたちは、活力とチャンスと優しさに満ちあふれ、自律の精神を大事にする、世界に開かれた、『美しい国、日本』であります。この『美しい国』の姿を、私は次のように考えます。

　一つ目は、文化、伝統、自然、歴史を大切にする国であります。〈中略〉アニメや音楽などのコンテンツ、食文化や伝統文化などについて、国際競争力や世界への情報発信力を強化する『日本文化産業戦略』を策定します。今後5年以内に、主要な国際会議の開催件数を5割以上伸ばし、アジアにおける最大の開催国を目指します。その他、使い勝手も含めた日本の国際空港などの機能強化も早急に進め、ヒト・モノ・カネ・情報の流れにおいて、日本がアジアと世界の架け橋となる『アジ

ア・ゲートウェイ構想』を推進します」

　次に、「自信と誇りを持てる国づくり」をテーマに、「私たちの国、日本は、世界に誇りうる美しい自然に恵まれた長い歴史、文化、伝統を持つ国です。その静かな誇りを旨に、今、新たな国創りに向けて、歩みだすときがやってきました。

　〈中略〉日本を、世界の人々が憧れと尊敬を抱き、子どもたちの世代が自信と誇りを持てる『美しい国、日本』とするため、私は、先頭に立って、全身全霊を傾けて挑戦していく覚悟であります」と小泉首相に引き続き観光立国への取り組みを宣言している。

⑦ 2006年12月／観光立国推進基本法成立

　観光基本法は、1963年に制定されて以来実質的な改正は行われず、今回43年振りの改正である。この法律には、二つの大きな特徴がある。一つ目は、法律の題名に観光立国を加え観光を国家戦略の一つとして明確に位置づけたことである。二つ目は、政府を挙げて各省庁が横断的に関わる計画を作ろうということで、これが法律上の計画として位置づけられていることだ。本法の制定により、観光を21世紀の国の重要な政策の柱に位置づけることが法律上も明確化された。

　世界各国で取り組まれている観光立国は国の経済に直結するため、国内旅行とインバウンドが中心。しかし、今回の基本法は、相互交流を機軸として構成されており、海外旅行、国内旅行、訪日旅行をバランスよくすることが観光立国の理念として捉えられている点が画期的だと考える。「三位一体」、海外旅行の更なる活性化、国内旅行の振興、訪日旅行の推進が挙げられる。この3つがバランス良く成り立って初めて観光立国の達成が可能だとの宣言がされている。

⑧ 2007年6月／観光立国推進基本計画を閣議決定

　観光立国推進基本法には、「政府は、観光立国の実現に関する基本的な計画を定める」と決められている。これに基づき、観光立国推進基本計画が閣議決定された。基本計画では、観光立国実現のため、5つの基本的な目標が定められている（表1-2）。

　計画期間は5年とし、毎年度点検し、おおむね3年後を目途に見直すとされている。

⑨ 2007年9月／安倍首相による国会での所信表明演説

　持続的な経済成長をテーマに、「次の時代を切り拓く新たなイノベーションを応援するとともに、日本の空の自由化をはじめ、観光、金融など、より海外に開かれた経済をつくることにより、アジアなど外国の成長や活力を日本に取り入れま

表1-2　観光立国推進基本計画

観光立国推進基本計画（項目）	目標数値
①訪日外国人旅行者数 （2006年実績：733万人）	2010年までに1,000万人にし、将来的には、日本人の海外旅行者数と同程度にする
②日本人の海外旅行者数 （2006年実績：1,753万人）	2010年までに2,000万人にする
③国内における観光旅行消費額 （2005年度実績23.9兆円）	2010年度までに30兆円にする
④日本人の国内観光旅行による一人当たりの宿泊数 （2006年度実績：2.72泊）	2010年度までに年間4泊にする
⑤我が国における国際会議の開催件数 （2005年実績：168件）	2011年までに5割以上増やす

(出所) 観光庁資料より筆者作成

す」結びとして「国民一人一人が、日々の生活において、真の豊かさ、潤いを実感できるようにすること。すなわち、『美しい国』創りを進めていこうとするものです。50年後、100年後のあるべき日本の姿を見据え、原点を決して忘れることなく、全身全霊をかけて、内閣総理大臣の職責を果たしていくことをお誓い申し上げます」と締めくくっている。

⑩ 2007年10月／福田首相による国会での所信表明演説

改革の継続と安定した成長をテーマに、「国内経済の環境変化に対応し、海外の経済との相互依存は今後とも高まります。内外投資の促進を図るとともに、成長著しいアジアの中にある強みを活かすアジア・ゲートウェイ構想を具体化し、観光立国の推進や金融の競争力強化に取り組みます」と前安倍政権時代の「アジア・ゲートウェイ構想」の取り組みを表明している。目新しい観光立国への取り組み表明は見られない。

⑪ 2008年4月／ビジット・ワールド・キャンペーン開始

「ビジット・ワールド・キャンペーン」は、2020年までに海外旅行者数を2,000万人にしようと国土交通省、政府観光局、航空会社、空港会社などが連携し、日本旅行業協会が率先して海外旅行の機運を高めることを目指したが、掛け声だけで7年経った現在も未だ実現していない（2008年実績1,598万人／2014年実績1,690万人）。

⑫ 2008年5月／観光圏整備法が成立

観光交流人口の拡大により、自立的な地域経済の確立を図るためには、基本計画の目標である内外の観光客の宿泊旅行回数・滞在日数を拡大する必要がある。その

ために、内外の観光客による2泊3日以上の滞在型観光ができるような観光エリアの整備を促進する法律が成立し、同年7月に施行された。現在全国で13地域が指定されているが、これまでに成果を出せない中、今回発表されたアクション・プログラム2015では、新たな日本版DMO[15]の確立と書かれている。今後この法律がどのような成果を出せるか注視しなければならない。

⑬ 2008年9月／麻生首相による国会での所信表明演説

地域の再生をテーマに、「10月1日に発足の運びとなる観光庁の任務に、観光を通した地域の再生があることを申し添えておきます」と同年10月に発足する観光庁について紹介している。

⑭ 2008年10月／観光庁発足

観光立国推進基本計画の目標を達成し、観光立国を実現するためには、関係省庁との連携・調整を強化して、政府を挙げて、総合的かつ計画的に観光立国の実現に向けた施策を推進する必要がある。そこで、機能的かつ効果的な業務の遂行を可能とする態勢を整備するとともに、観光行政の責任を有する組織を明確化するため国土交通省の外局として、「観光庁」が発足した。

観光庁発足の効果としては、次の3つが挙げられる。

第一に、国を挙げて観光立国に取り組むという我が国の姿勢を対外的に明確に示すとともに、観光交流拡大のための取り組み等についての諸外国との協議を効果的に進められるようになったことである。

第二に、観光庁が独立した行政機関になることで、観光庁長官を中心に強力なリーダーシップを発揮し、観光に関連する施策についての他省庁との連携・調整を円滑に行うとともに、縦割りを排し、政府が挙げた取り組みを強化したことである。

第三に、観光に関する政府の窓口を明確かつ、一本化したことで、観光地域づくりに取り組む意欲のある方々に対して適切な支援施策の提案・調整を行うコンサルティング機能の向上を目指す体制が整備されたことである。

観光庁発足は多いに期待されたが、政府が掲げた2007年に発表された観光立国推進基本計画5項目の内、1つしか目標達成することができなかった。

⑮ 2009年10月／鳩山首相による国会での所信表明演説

経済・雇用危機の克服と安定した経済成長をテーマに、「暮らしの安心を支える医療や介護、未来への投資である子育てや教育、地域を支える農業、林業、観光などの分野で、しっかりした産業を育て、新しい雇用と需要を生み出してまいりま

す。さらに、わが国の空港や港を、世界、そしてアジアの国際拠点とするため、羽田の 24 時間国際拠点空港化など、真に必要なインフラ整備を戦略的に進めるとともに、環境分野をはじめとする成長産業を通じて、アジアの成長を強力に後押しし、わが国を含めたアジア全体の活力ある発展を促してまいります」と民主党政権でも引き続き観光立国に向けての取り組みを宣言しているが、政権が変わったことによる新しい施策を打ち出すことはできなかった。

⑯ 2010 年 6 月／菅首相による国会での所信表明演説

「昨年来、私が責任者となって検討を進めている『観光立国・地域活性化戦略』のうち、観光は、文化遺産や自然環境を生かして振興することにより、地域活性化の切り札になります。既に、中国からの観光客の拡大に向け、ビザの発行要件の大幅緩和などが鳩山前内閣の下で始められました」と民主党政権で進められてきたビザの発行要件の緩和を引き続き進めることを表明している。

⑰ 2010 年 10 月／菅首相による国会での所信表明演説

新成長戦略の推進として「日本を国際医療交流の拠点とするため、ビザや在留資格の取り扱いを改善します」と医療ツーリズムの促進について表明している。

⑱ 2011 年 9 月／野田首相による所信表明演説

3 月に発生した東日本大震災からの復興を目指し、希望と誇りある日本に向けてをテーマに、「日本人が『希望』と『誇り』を取り戻すために、もう一つ大事なことがあります。〈中略〉豊かなふるさとを目指した新たな地域発展モデルの構築や、海洋資源の宝庫と言われる周辺海域の開発、宇宙空間の開発・利用の戦略的な推進体制の構築など、新しい日本のフロンティアを開拓するための方策を検討していきます」と東日本大震災発生から半年後ということもあり、観光立国についてはあまり触れられていない。

2 2012 年の取り組み

⑲ 2012 年 3 月／観光立国推進基本計画の目標達成状況

前述のとおり、2007 年 6 月に観光立国推進基本計画（以下、基本計画という）が閣議決定された。計画は、観光立国の実現に関する施策の基本的な方針、観光立国の実現に関する目標、政府が講ずべき施策等を定めたものである。また、この計画は計画期間を 5 年間としていたため、新たな観光立国推進基本計画（以下「新・基本計画」という）が閣議決定された。そこで、まず基本計画の進捗状況を検証する

表1-3　観光立国推進基本計画達成状況

観光立国推進基本計画（項目）	達成状況	結果
①訪日外国人旅行者数 　2010年度までに1,000万人にする	2010年度：861万人 2011年度：622万人 （※2011年3月東日本大地震発生）	未達成
②日本人の海外旅行者数 　2010年度までに2,000万人にする	2010年度：1,664万人 2011年度：1,699万人	未達成
③国内における旅行消費額 　2010年度までに30兆円にする	2005年度：24.4兆円 2010年度：23.8兆円	未達成
④日本人の国内観光旅行による一人当たりの宿泊数 　2010年度までに、年間4泊にする	2006年度：2.72泊 2010年度：2.12泊	未達成
⑤我が国における国際会議の開催件数 　2010年度までに2005実績を5割以上増やす	2005年度：168件 2010年度：309件	達成

(出所) 観光庁資料より筆者作成

と表1-3のとおりである。

　表1-3の基本計画達成状況を見ると、⑤国際会議の開催件数以外、すべての項目で目標未達成となった。

⑳2012年3月／新・観光立国推進基本計画を閣議決定

　基本計画の厳しい目標達成状況を受け新・基本計画では「観光庁が主導的な役割を果たすべき主な施策」と「政府全体により講ずべき施策」とに、その役割や施策の性格を整理した。今回策定された新・基本計画は、表1-4である。「日本人の海外旅行者数」「国内における観光旅行消費額」及び「日本人の国内観光旅行による一人当たりの宿泊数」については、基本計画より目標が据え置き、あるいは引き下げられている。しかし、「訪日外国人旅行者数」については、目標未達であるにもかかわらず唯一目標が引き上げられており、国としてこの項目を重視している姿勢がうかがえる。2016年までに1,800万人、この時にはまだ開催が決まっていないが、東京オリンピックが開催される2020年初めまでに2,500万人という高い目標設定である。

3　2013年～2015年7月の取り組み

㉑2013年1月／第1回国土交通省観光立国推進本部設置

㉒2013年3月／観光立国推進閣僚会議設置

　表1-3のとおり、基本計画の5つの項目のうち、国際会議の開催件数以外、4つの

表1-4 新・観光立国推進基本計画

新・観光立国推進基本計画（項目）	目標
①国内における旅行消費額 （2009年度実績：25.5兆円）	2016年までに30兆円にする
②訪日外国人旅行者数 （2010年実績：861万人）	2020年初めまでに2,500万人とすることを念頭に、2016年までに1,800万人にする
③国際会議の開催件数 （2010年実績：741件）	2016年までに5割以上増やす（1,111件以上）
④日本人の海外旅行者数 （2010年実績：1,664万人）	2016年までに2,000万人にする
⑤日本人の国内観光旅行による一人当たりの宿泊数 （2010年実績：2.12泊）	2016年までに年間2.5泊とする
⑥【新規】訪日外国人旅行者の満足度 2011年実績：①「43.6％」②「58.4％」	2016年までに①「大変満足」45％ ②「必ず再訪したい」60％とする
⑦【新規】観光地域の旅行者満足度	2016年までに「大変満足」25％とする

（出所）観光庁資料より筆者作成

項目が未達成となった。観光は裾野の広い産業であるため、観光庁の所管以外にも観光立国実現のために必要となる施策分野が存在する。そこで、第2次安倍内閣においては、観光立国に本格的に取り組むべく1月に「国土交通省観光立国推進本部」が国土交通省に設置され、観光庁とその他の国土交通省内各局との協働による取り組みの強化が図られた。これにより観光庁がより主体的にすべき役割や施策が明確となった。また、国土交通省を超えて他の省庁にまたがり、あるいは他省庁が主体的となる施策について、関係行政機関の緊密な連携を確保し、その効果的かつ総合的な推進を図るため、政府として講ずべき施策を実現すべく全閣僚で構成される「観光立国推進閣僚会議」が設置された。「国土交通省観光立国推進本部」は「国土交通省観光推進本部とりまとめ」を「観光立国推進閣僚会議」は「観光立国実現に向けたアクション・プログラム」を、それぞれの検討結果として取りまとめている。

㉓ 2013年6月／観光立国実現に向けたアクション・プログラム2013

このプログラム2013は、前述㉒で紹介した、「観光立国推進閣僚会議」が策定した最初のプログラムである。今後、観光立国を進めるために国が一丸となって取り組むべき内容をまとめたものである。しかし、同年9月、2020年東京オリンピックの開催が決定し、訪日旅行市場を取り巻く環境が大きく変化した。

㉔ 2014年1月／安倍首相による国会での所信表明演説

観光立国をテーマに、「昨年、外国人観光客1,000万人目標を達成いたしました。

北海道や沖縄では、昨年夏、外国人宿泊者が 8 割も増えました。観光立国は、地方にとって絶好のチャンスです。タイからの観光客は、昨年夏ビザを免除したところ、前年比でほぼ倍増です。やれば、できる。次は 2,000 万人の高みを目指し、外国人旅行者に不便な規制や障害を徹底的に洗い出します。フランスには毎年 8,000 万人の外国人観光客が訪れます。日本にもできるはず。2020 年に向かって、目標を実現すべく努力を重ねてまいります。昨年は富士山や和食がユネスコの世界遺産に登録されました。日本ブランドは、海外から高い信頼を得ています。観光立国を進め、活力に満ち溢れる地方を、皆さん、創り上げようではありませんか」と観光立国を高らかに宣言している。前年 2013 年 9 月に、2020 年東京オリンピックの開催が決定したこと。そして 2013 年は、小泉首相による観光立国宣言から 10 年が過ぎ、当初の基本計画の目標である訪日外国人旅行者数が初めて 1,000 万人を超えたことで、安倍首相の高らかな宣言となった。この年より、日本の観光立国の取り組みは、訪日外国人旅行者に向けた施策に重点が置かれることとなるのである。

㉕ 2014 年 6 月／観光立国実現に向けたアクション・プログラム 2014

2014 年 1 月に安倍首相がプログラムの改定を指示。6 月にプログラムの 2014 年度版が発表された。「2020 年に向けて、訪日外国人旅行者数 2,000 万人の高みを目指す」とした数値目標も掲げられた。同時に、毎年、プログラムの見直しを行いながら、施策を強力に推進していくことも決定された。施策内容は①「2020 年オリンピック・パラリンピック」を見据えた観光振興、②インバウンドの飛躍的拡大に向けた取り組み、③ビザ要件の緩和など訪日旅行の容易化、④世界に通用する魅力ある観光地域づくり、⑤外国人旅行者の受入環境整備、⑥MICE [16] の誘致・開催促進と外国人ビジネス客の取り込みである。2020 年の東京オリンピックを見据えて、訪日外国人 2,000 万人の実現に向けてのより具体的な受入環境の整備に力点が置かれた施策が盛り込まれている。

㉖ 2014 年 9 月／安倍首相による国会での所信表明演説

観光立国をテーマに、「『桃源郷のような別世界』東洋文化の研究家であるアレックス・カーさんは、徳島の祖谷に広がる日本の原風景をこう表現しました。鳴門のうず潮など、風光明媚な徳島県では、今年前半、外国人宿泊者が、前の年から 4 割増えています。外国人観光客は半年間で 600 万人を超え、過去最高のペースです。今年 4 月には、旅行収支が、大阪万博以来、44 年ぶりの黒字となりました。

更なる高みを目指し、ビザの緩和、免税店の拡大などに戦略的に取り組んでまい

ります。外国語を駆使しながら名所旧跡の案内ができる人材を、自治体の努力で育成できるよう、特区制度を活用した規制緩和をします。昨年度、沖縄を訪れた外国人観光客は過去最高となりました。『アジアの架け橋』たる沖縄の振興に全力で取り組み、この勢いを更に発展させてまいります。それぞれの地域が、豊かな自然、文化や歴史など、特色ある観光資源を活用できるよう、応援してまいります」と訪日外国人をさらに増加すべく具体的な施策を表明している。

㉗ 2015年2月／安倍首相による国会での施政方針演説

　観光立国については地方創生をテーマに、「外国人観光客は、この2年間で500万人増加し、過去最高の1,300万人を超えました。ビザ緩和などに戦略的に取り組み、更なる高みを目指します。日本を訪れる皆さんに、北から南まで、豊かな自然、文化や歴史、食など、地方の個性あふれる観光資源を満喫していただきたい。国内の税関や検疫、出入国管理の体制を拡充いたします。全国各地と結ぶ玄関口、羽田空港の機能強化を進めます。地元の理解を得て飛行経路を見直し、国際線の発着枠を2020年までに年4万回増やします。成田空港でも、管制機能を高度化し、同様に年4万回、発着枠を拡大します」と更なる訪日外国人の増加を目指す具体的な施策について力強く表明している。

㉘ 2015年6月／観光立国実現に向けたアクション・プログラム2015

　3度目の改正となる2015年版は、2014年度に訪日外国人旅行者数1,341万人（前年比129％）と過去最高を記録し、2014年版で目標とした2,000万人の高みを目指すという表現が、現実的になってきた状況を受け、「2020年を重要な通過点として、その先には、外国人旅行者3,000万人が訪れるような、世界に誇る魅力あふれる国づくりを目指す」という表現に変化している。そしてそのことを実現するために更なる受入環境の整備を急ぐ方向性が示されている。年を追うごとにアクション・プログラムはページ数も増加（2013年版／17ページ、2014年版／37ページ、2015年版／56ページ）している。そして、これまでの報告書の表現にはなかった「稼ぐ力」を強化するといった、これまでにない報告書である。具体的施策では、外国人観光客の旅行消費額についても、「2,000万人が訪れる年に4兆円を目指す」と、さらに具体的な計画内容が盛り込まれ、いかに稼ぐかをより一層追求している。表1-5は、2015年版で新たに加えられた目標数値である。

　以上、2003年小泉首相による観光立国宣言がされてから13年間の我が国におけ

表1-5 2015年版で新たに加えられた具体的な目標数値

旅行消費額	2,000万人が訪れる年に4兆円を目指す
雇用創出	2,000万人が訪れる年に、日本全国で40万人の新たな雇用創出
海外からの教育旅行	2020年までに年間訪問者数を2013年度の約4万人から5割増にする
地方免税店	2017年度に1万2,000店規模、2020年に2万店舗へと倍増 (2014年版では、2020年に向けて全国各地の免税店を1万店規模へと倍増させる) 2015年4月の発表では、全国で1万8,779店。しかし、地方立地の免税店は6,600店。
無料公衆無線LAN(新)	2020年までに重点的に整備すべき約2万9,000カ所の整備を促進する

(出所) 観光庁資料より筆者作成

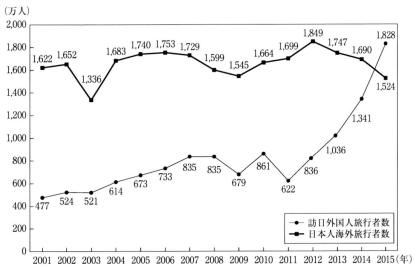

図1-1 訪日外国人・日本人海外旅行者の推移

(注) 2015年度は、1〜6月実績からの予測値
(出所) 法務省及び日本政府観光局 (JNTO) 資料から筆者作成

る観光立国の行政における取り組みの現状を検証した。

　図1-1は、その間の訪日外国人数と日本人海外旅行者数の推移を表したものである。訪日外国人数の推移をみると、2003年の小泉首相の観光立国宣言後、毎年増加していることが分かる。小泉首相が就任した2001年から退陣する2006年9月までの5年間で約300万人も増加している。しかしその後、安倍首相を含め6

人の首相が在任した2007年から2012年は、900万人を超えることなく増減を繰り返し低迷状況であった。しかしその後、第2次安倍内閣の2013年以降急激に増加した。前述した2013年1月、国土交通省観光立国推進本部と3月、全閣僚による観光立国推進閣僚会議の設置後である。これまでの観光庁と他省庁との縦割り行政の弊害が取り除かれた結果か、それとも2013年以降起きた急激な円安の影響かどちらか分からないが、この年は1,000万人を突破し、翌年以降も大幅に増加したのである。

　一方、日本人の海外旅行者数は、この15年間低迷を続けている。このようにこの2～3年で、日本の観光立国の取り組みが、訪日外国人旅行者向けへと重点がおかれている現状がわかる。しかし、2013年以降の訪日外国人旅行者増加の勝ち馬に乗り遅れまいと、次々と出される観光立国実現施策は、一時的に日本経済には良いが、持続可能な観光立国政策と言えるのか疑問が残る。

Ⅳ　わが国における観光立国実現の課題

　前項において、これまで13年間のわが国としての観光立国政策の取り組みの現状を検証してきた。2013年以降、増加する訪日外国人向けに偏ってきていることを指摘した。少子高齢化と人口減少が進む日本にとって、訪日外国人受入は重要なことだと考える。ただ、持続可能な観光立国政策でなければならない。そこで、今一度2006年に43年振りに改正された観光立国推進基本法の原点に戻って考えてみる必要がある。今回の基本法は、前述で紹介したように相互交流を基軸として構成されており、海外旅行、国内旅行、訪日旅行をバランスよくすることが観光立国の理念として捉えられている点を忘れてはならない。つまり「三位一体」、海外旅行の更なる活性化、国内旅行の振興、訪日旅行の推進が挙げられている。この3つがバランス良く同時に推進されてこそ日本の観光立国であると言える。基本理念である「住んでよし、訪れてよしの国づくり」の実現である。2012年に検証された基本計画の目標達成状況にあるように、「日本人の海外旅行数」と「日本人の国内観光旅行による一人当たりの宿泊数」は目標未達成であった。そして、次に策定された新・基本計画の目標数値でも海外旅行の目標は据え置かれ、国内旅行は当初の目標が引き下げられている。今こそ、日本人による「海外旅行」と「国内旅行」を大幅に増加する施策を講じなければならない。

まず、国内旅行の活性化についての課題は、日本国内での移動コストが高いことである。国土交通省によれば、2009（平成21）年度の公共輸送機関別分担では JR30％、民鉄 50％、営業バス 15％、タクシー 6.6％、航空機 0.3％、旅客船 0.3％ となっている。分担の大きい、つまり利用する回数が多い JR の運賃については、1987年に旅客6社に分割民営化されたが、中長距離移動手段では競争相手が存在しない。特にドル箱といわれる東海道新幹線を持つ JR 東海は、旅客6社の中でも高い収益を確保している。JR では、訪日外国人向けにジャパンレールパスという切符を発売している。のぞみ・みずほを除く新幹線・在来線の特急に乗り放題で、7日間有効、グリーン車利用の場合で3万8,800円・普通車利用の場合で2万9,110円である。グリーン車が一日約5,500円、普通車が一日約4,200円で日本全国利用できるのである。現在、東京〜大阪間を利用した場合、グリーン車利用の場合1万9,440円、普通車利用の場合1万4,140円である。日本人にとっていかに JR 運賃が高いかが分かる。せめて航空会社のように早期購入した場合の割引特典の導入等を検討していただきたい。飛行機運賃では、2012年より日本にも LCC [17] が導入されて航空会社間での競争が存在するようになった。ピーチ・アビエーションは2015年8月6日に、ジェットスター・ジャパンは8月5日に、それぞれ累計搭乗者数が1,000万人に達成したと発表した。それぞれ就航から3年以上での達成である。かたや欧州最大の LCC であるライアンエアーは2015年7月単月の旅客数が1,000万人を突破したと発表した。飛行機で1,000万人の搭乗達成するのに日本では37カ月。欧州ではたったの1カ月である。それだけ日本の利用者は LCC の搭乗機会を失っているのである。今後、日本人の国内旅行を増加させる取り組みには、更なる規制緩和、JR 運賃の早期割引の導入、新たな LCC の参入を認可することが必要である。日本の観光立国実現への取り組みは、まずは日本人による国内旅行を増加することである。そのことによって、日本の観光地も大いに活性化されるだろう。そしてその結果、訪日外国人にとっても、これまでのゴールデンルート [18] と呼ばれる東京から大阪までの定番ルートだけでなく魅力あるルートとして発見してもらい、日本の各地域における素晴らしい景色や文化を再訪問してくれるに違いない。

　先に紹介した松下が61年前に文藝春秋に掲載した「観光立国の弁」の「観光立国は何も金儲けのためだけでやるのではない。持てるものを他に与えるという博愛の精神に基づくものだ」という言葉を今一度考えることが重要である。自国だけの

利益でなく、全人類が全て平等に互いに愛し合える博愛の精神こそが、今後も永遠に続く持続可能な観光立国実現への取り組みである。

　わが国における観光立国実現への取り組みにとって、国内旅行、海外旅行、訪日旅行をバランスよく「三位一体」で進めることが、今後、日本がとるべき持続可能な観光立国実現への重要な課題だと考える。

【注】
(1)　『文藝春秋』1954年5月号、pp.148-152。その後、松下幸之助没後10年の記念出版『遺論　繁栄の哲学』1999年、pp.110-119に現代文で掲載されている。尚、1973年PHP研究所より出版の『かえりみて明日を思う』pp.11-21では、1953年9月22日に新政経1周年記念講演会・於大阪朝日会館にて同内容を講演している。
(2)　爆買いとは、大量に商品を購入すること。購入する品物は、高級品から日用品まで幅広い。
(3)　語誌とは、言葉の起源や意味をいう。
(4)　漢籍とは、中国の書物で、中国人が、漢文で書いた書物。
(5)　岩倉具視を特命全権大使として欧米12カ国を歴訪した岩倉使節団（1871年12月～1873年9月までの約1年9カ月）。
(6)　上田卓爾（2004、「中国における『観光』の用例と日本への伝播」『日本観光会誌』第45号、pp.83-87）は、当時、漢学会では『春秋左氏伝』から学び始めるのが習慣で、広く知れ渡っていた『春秋左氏伝』荘公二十二年に「観国の光。利用賓于王」と『易経』と同文があり、欄外の注釈の観光を使用していると指摘している。
(7)　正式名称は、ジャパン・ツーリスト・ビューローである。1912年鉄道院内に創立。
(8)　1920年、鉄道院から鉄道事業の権限強化・独立を目指し鉄道省に昇格。
(9)　日本交通公社70年史では、この「クーポン式遊覧券」はビューローの創意で発売された。と記述されている。
(10)　ジャパンツーリストビューローは国が設立した旅行業といえる。民間では、1905年に滋賀県草津駅前で食堂を営んでいた南伸介が「日本旅行会」（現在の日本旅行）を設立している。この日本旅行会が、日本初の旅行業といわれている。
(11)　施政方針演説は、通常国会の冒頭で内閣総理大臣が本会議場で行う演説
(12)　所信表明演説は、臨時国会の冒頭や特別国会・会期の途中で内閣総理大臣が交代した場合に、本会議場で行う演説。
(13)　2003年3月20日より、アメリカ軍が主体となりイラクに空爆をした。5月には終結宣言。
(14)　SARSとは、重症急性呼吸器症候群という名の伝染病で、2002年中国で発生し、2004年5月にはWHOが終息宣言を発表した。外務省は、香港・広東省への「渡航の是非を

検討してください」を発出した。
(15) Destination Marketing／Management Organization の略で、地域全体のブランドづくり、情報発信などを担うプラットフォーム組織を指す。
(16) MICE は Meeting、Incentive、Convention、Event の頭文字で、国際会議、展示会など。
(17) LCC とは格安航空会社のことを指す。
(18) ゴールデンルートとは、訪日外国人に人気の東京・富士山・京都・大阪を巡るルート。

【引用・参考文献】
・久米邦武編（1977）『米欧回覧実記』岩波書店
・三省堂編修所編（1983）『広辞林第六版』三省堂
・徐向東（2015）『「爆買い」中国人に売る方法――これが正しいインバウンド消費攻略』日本経済新聞出版社
・株式会社ジェイティービー（2012）『JTB グループ100年史』
・小学館編（2001）『日本国語大辞典第二版（第三巻）』小学館
・デービッド・アトキンソン著（2015）『新・観光立国論』東洋経済新報社
・寺島実朗（2015）『新・観光立国論――モノづくり国家を超えて』NHK出版
・永井昇（2000）『観光交通論』内外出版
・新村出編（2008）『広辞苑第六版』岩波書店
・日本交通公社（1982）『日本交通公社七十年史』日本交通公社
・日本国有鉄道（1971）『日本国有鉄道百年史』日本国有鉄道
・藤森憲司（2011）「旅行会社の事業システム変化」大阪府立大学大学院修士論文
・文藝春秋社（1954）『文藝春秋』1954年5月号、pp.148-152
・松下幸之助（1999）『遺論 繁栄の哲学』PHP研究所
・松下幸之助（1973）『かえりみて明日を思う』PHP研究所
・溝口良隆編著（2009）『観光学全集 第1巻 観光学の基礎』原書房

第 2 章　スポーツツーリズムを推進する地域の取り組み

　観光は、旅行業、宿泊業、輸送業、飲食業などによる裾野の広い産業であり、その経済効果は極めて大きい。国土交通省観光庁の調査研究によれば、2013 年度旅行消費額 23.6 兆円が生み出す生産波及効果を 48.8 兆円、この旅行消費による直接効果に対応する雇用者数は 224 万人、そしてその波及効果を含めた雇用創出効果を 419 万人と推計している [1]。したがって、観光産業はわが国の経済に大きな影響を及ぼす成長分野の産業となっており、こうした観光産業を発展させることが急務となっている。そこで、「観光立国」を目指すわが国は、「観光立国推進基本法」を施行し、「観光立国推進基本計画」を策定するなど、その取り組みを強化してきた。その一つのオプションとして、観光庁はスポーツと観光を融合させた新しい観光連携分野として「スポーツツーリズム」を推進している。

　スポーツツーリズムとは、プロ野球の観戦、市民マラソンなどへの参加、スポーツイベントの運営ボランティアなど、さまざまな形でのスポーツとのかかわりを観光資源としてとらえ、国内観光の振興や訪日外国人の増加につなげるというものである。こうした「スポーツ」と「観光」を融合したスポーツツーリズムは、新しいビジネスモデルとして期待されている。

　そこで本章では、プロ野球キャンプ誘致をはじめ、「スポーツアイランド」をキャッチフレーズにスポーツツーリズムを積極的に展開している沖縄県の取り組み、レジャー・レクリエーション、スポーツといった分野において、特に外国人観光客の誘致で成功させている北海道ニセコ地域の取り組みについて紹介する。

I　沖縄県におけるスポーツツーリズム

1　沖縄県における観光発展の経緯

　沖縄県における観光発展の経緯を概説すると、次の 6 段階に整理することができる [2]。

　第 1 段階は、戦後から本土復帰の期間である。この段階における観光は、慰霊訪

問団による墓参観光が中心であり、日本本土からの沖縄への旅行の際にはパスポートが必要であった。1960年には、琉球政府工務交通局陸運課に観光係が新設されたが、当時の観光客数はわずか2万人程度であった。その後、1965年琉球政府通商産業局商工部観光課に組織改編され、さらに1968年沖縄観光開発事業団、(社)沖縄県観光連盟が設立されると、観光客数は約15万人へと増加した。

　第2段階は、本土復帰から1970年代の期間である。この段階は、沖縄国際海洋博覧会を契機に沖縄が観光地として定着した期間であり、1972年5月に沖縄が本土復帰すると観光客が急増し、また1975年の沖縄国際海洋博覧会の開催により、観光客数は一気に150万人を突破した。

　第3段階は、1980年代の期間である。この段階は、1979年に起きた第2次オイルショック、1983年から1987年頃にかけての円高不況の影響を受けながらも観光客が増加した期間であり、1984年には200万人に達した。そしてこの期間には、リゾートホテルの開業が相次いだが、これは1987年に施行された「総合保養地域整備法[1]」によるリゾートブームが影響したものと考えられる。

　第4段階は、1990年代の期間である。1991年にバブル経済が崩壊すると、急激な円高によって海外との競合が激化し、沖縄県の観光客数も伸び悩んだ。しかし、その後1996年の幅運賃制度の自由化から始まった航空業界の規制緩和の流れによって、航空運賃の自由化や旅行商品の低価格化が進展し、さらに1997年に沖縄と本土との間の航空機を対象とした「軽減措置」の実施や沖縄路線の便数増等もあって、1998年には観光客数が400万人の大台に達した。

　第5段階は、2000年代の期間である。この段階は、世界情勢の影響を受けながらも、沖縄人気の定着によって観光客が順調に増加した期間である。2001年の米国同時多発テロ事件、2003年のSARS問題やイラク戦争の勃発、2008年のリーマンショックといった逆風にもかかわらず、着実に観光客を増加させ、特に2008年には約600万人もの観光客が沖縄を訪れ、過去最高を記録した。

　第6段階は、2010年以降の期間である。この段階は、リーマンショックからの経済回復の兆しはあったものの、世界的な景気の低迷や円高、2011年3月に発生した東日本大震災の発生、福島原発事故の災害等、観光産業にとっては厳しい状況の中での施策展開が求められている期間といえる。実際沖縄観光においても、これまで順調に増加してきた観光客数が頭打ちとなってきたため、今後の新規市場開拓として、スポーツツーリズムや文化等の新しい施策が求められるようになった。そ

のため、2011年4月、沖縄県は従来の観光商工部に、文化環境部文化振興課の業務や、県教育庁が所管する社会体育の業務などを統合した「文化観光スポーツ部」として組織改編を行い、積極的な観光施策を展開している。中でも、2012年3月に開催された「第4回沖縄国際映画祭」では、8日間で約41万人の来場者を集客するなど、文化観光の施策としても大きな成果をあげている。また、2012年8月から格安航空会社（LCC：Low-Cost Carrier）が就航しており、新規旅行者をはじめとした観光客増が見込まれる。

2　沖縄県における観光産業の現状

　沖縄県の入域観光客数は、沖縄県が本土に復帰した1972年以降、おおむね順調に推移してきた。さらに、「沖縄県観光振興基本計画中期行動計画」が策定された1995年を境に、入域観光客数は急激に増加してきた。その後、2001年9月に起こった米国同時多発テロ事件の影響を受け、修学旅行を中心とした団体旅行のキャンセル等で一時的に減少したものの、2008年度までは順調な伸びを示してきた。しかし、過去最高を記録した2008年度以降、入域観光客数は頭打ちとなった。特に2011年度の減少については、2011年3月に発生した東日本大震災と福島原発事故が大きく影響したものと考えられる。しかし、2012年度には入域観光客数が592万4,700人、観光収入は3,997億円まで回復した（図2-1）。

　2012年度における国内からの主な地域別入域観光客数の内訳をみると、東京方面が277万5,100人（構成比50.1％）と最も多く、次いで関西方面から102万5,700人（同18.5％）、福岡方面から69万7,000人（同12.6％）、名古屋から45万4,000人（同8.2％）の順となっている（図2-2）。

　一方、2012年度における外国人観光客数は、38万2,500人となり、過去最高を記録した。これについては、外国人観光客も国内観光客と同様に東日本大震災と福島原発事故の影響を受けたが、2011年7月には数次ビザ発給に伴う中国本土からの観光客が増加し始め、また海外航空各社による航空機の増便、航空路線の新規路線の就航が相次ぎ、その結果2011年度を上回る結果となった。しかし、沖縄観光における外国人観光客数の入域観光客数に占める割合は6.5％にしか過ぎず、全体に占める割合は小さい。

　2012年度における海外からの主な国別入域観光客数の内訳は、台湾が14万9,400人（構成比39.1％）と最も多く、次いで中国本土から5万8,900人（同15.4％）、香

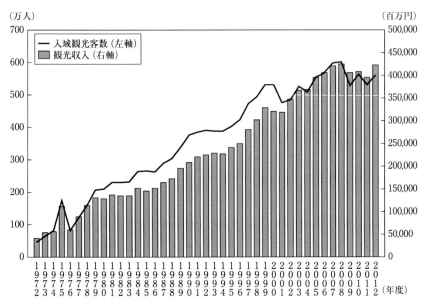

図2-1 沖縄県の入域観光客数と観光収入の推移

(注) 入域観光客数は、国内入域観光客数と外国人観光客数の合計
(出所) 沖縄県『観光要覧(平成24年)』より作成

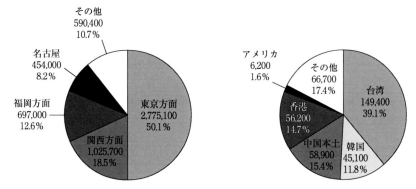

図2-2 地域別入域観光客の状況 (国内)
(出所) 沖縄県『観光要覧(平成24年)』より作成

図2-3 国別入域観光客の状況 (海外)
(出所) 沖縄県『観光要覧(平成24年)』より作成

港から5万6,200人(同14.7%)、韓国から4万5,100人(同11.8%)、アメリカから6,200人(同1.6%)の順となっており、東アジア圏からの観光客が約80%を占めている(図2-3)。

表2-1 観光客平均滞在日数・一人当たりの消費額の推移

	1983年	1988年	1993年	1998年	2003年	2008年	2009年	2010年	2012年
平均滞在日数（日）	4.57	4.32	4.04	3.76	3.93	3.71	3.75	3.78	3.75
一人当たりの消費額（円）	89,458	90,107	86,721	85,461	73,831	72,458	66,403	70,553	66,924
宿泊費	26,600	27,900	26,800	25,700	27,847	23,215	20,460	21,164	18,358
県内交通費	16,230	15,100	14,743	12,187	6,746	7,887	7,154	8,500	9,571
土産・買物費	20,800	21,000	18,600	18,500	16,838	19,390	17,520	16,920	16,021
飲食費	15,700	16,100	15,700	17,700	13,977	14,324	13,852	14,739	14,332
娯楽・入場費	6,665	6,818	7,597	8,242	5,769	6,192	6,085	7,836	7,091
その他	3,463	3,190	3,281	3,132	2,654	1,449	1,333	1,395	1,550

(出所) 沖縄県文化観光スポーツ部『平成24年度観光統計実態調査』より作成

　沖縄県の観光収入は、沖縄を訪れる観光客数に比例して推移してきた（図2-1）。過去最高の入域観光客数を記録した2008年度の観光収入は4,298億円に達したが、その後入域観光客数の減少などにより、2011年度の観光収入は3,782億円へと減少するも、2012年度は3,997億円まで回復した。

　表2-1で示したとおり、観光客一人当たりの県内消費額は、1980年代後半には9万円台であったが、1990年代には8万円台となり、さらに2000年以降は7万円台、2009年度には過去最低の6万6,403円、2012年度も6万6,924円と6万円台にまで減少した。一人当たりの消費額の内訳を詳しく見てみると、「宿泊費」「土産・買物費」は減少しているものの、「飲食費」「娯楽・入場費」は、ほぼ変化していない。したがって、県内消費額の減少理由は、観光客の「安・近・短」という旅行形態の変化を背景とした平均滞在日数の伸び悩み、競争による宿泊単価の低下、レンタカー利用による県内交通費の低下などによるものと考えられる。

3　沖縄観光の特徴

　沖縄観光にはいくつかの特徴が見られるが、その顕著なものとして次の4つの特徴がある。

　第1の特徴は、繁忙期（ピーク）と閑散期（オフ）で大きな差があることである。2007年度から2011年度の5年間による月別観光客数の推移を見てみると、3月と8月が繁忙期であり、その一方5月、6月と11月～2月は繁忙期と比較して10～20万人程度の差が生じており、この期間が閑散期となっている（図2-4）。こうした傾向は、沖縄県に限ったことではないが、特に通年型の観光をめざしている沖縄

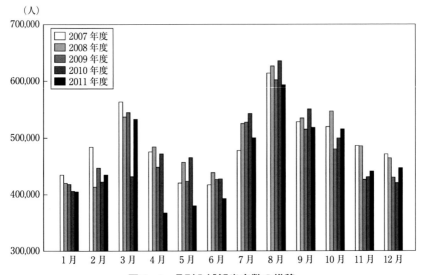

図2-4　月別入域観光客数の推移

(出所) 沖縄県『観光要覧 (平成23年度)』

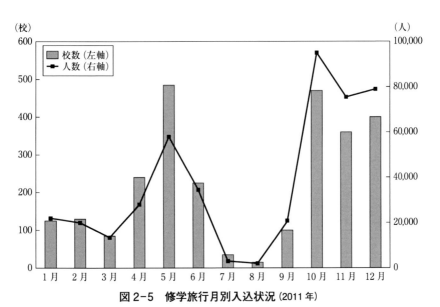

図2-5　修学旅行月別入込状況 (2011年)

(出所) 沖縄県『観光要覧 (平成23年度)』

第2章　スポーツツーリズムを推進する地域の取り組み

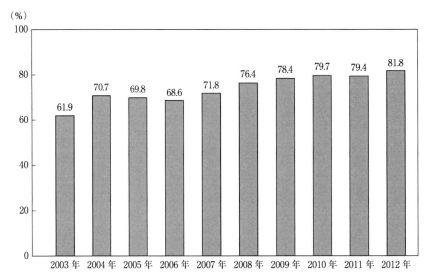

図 2-6　再訪者率の推移

(出所) 沖縄県『観光要覧 (平成 24 年)』

にとっては、この閑散期にいかにして観光客を誘致するかが課題となっている。

　そこで、この閑散期における観光客の確保という点で一定の成果をあげているのが、修学旅行による入込客である。沖縄県における修学旅行月別入込状況 (2011 年) を見てみると、5 月、10 月、11 月、12 月に集中していることがわかる (図 2-5)。このことから修学旅行は、必ずしも十分なものとはいえないものの、閑散期の観光客誘致に貢献しているといえる。なお、2011 年における沖縄修学旅行の入込状況は、2,680 校 (対前年比 + 124 校)、45 万 1,550 人 (対前年比 + 1 万 3,356 人) となっており、修学旅行は閑散期の安定的な観光客誘致策として位置づけられている。

　第 2 の特徴は、再訪者率が高いということである。図 2-6 で示したとおり、沖縄観光における再訪者率は年々増加してきており、2012 年には過去最高の 81.8% と高い再訪者率となっていることから、沖縄観光はこうした再訪者の存在で支えられているといっても過言ではない。他地域の観光においては、再訪者いわゆるリピーター率をいかにして高めるかということが重要な課題となっている。しかし、すでに約 80% の再訪者率となっている沖縄観光では、この高い再訪者率をどのようにして維持するかが重要なポイントとなる。

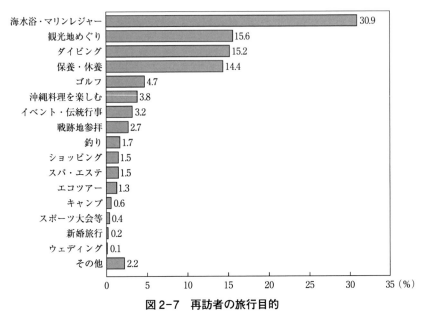

図2-7　再訪者の旅行目的

(出所) 沖縄県『平成23年度観光統計実態調査』

　第3の特徴は、「フリープラン型パック旅行」と「個人旅行」による旅行形態の割合が多いことである。添乗員付きでスケジュールが決まった「団体旅行」は年々減少傾向にあり、これに対して自由にスケジュールが組める「フリープラン型パック旅行」や「個人旅行」の割合が増加し、近年75％以上を占めるようになってきている。このことは、初回に団体旅行もしくは観光付きパック旅行で訪れた旅行者は、再訪の際には旅行者自身が、旅行目的やスケジュールを計画できる自由度の高い旅行形態を選択しているものと推察できる。
　第4の特徴は、「スポーツ・レジャー」とした観光目的が主流となっていることである。沖縄観光の目的は、時代とともに変化してきている。かつて墓参観光から周遊型観光へ、そしてリゾート型観光へと変化してきた沖縄観光ではあるが、現在は観光地めぐり、沖縄料理を楽しむ、ショッピングといった目的がいずれも減少傾向にあるとされている[3]。
　平成21年度観光統計実態調査によれば、「旅行全体」の満足度については、「大変満足」「やや満足」が全体の90％以上を占めており、項目別の「大変満足」で見

ると、「海の美しさ」、次いで「スポーツ・レジャー」の順であった。また特に再訪者の旅行目的では、いわゆるスポーツ・レジャー分野とされる「海水浴・マリンレジャー」が30.9％、「ダイビング」15.2％、「ゴルフ」4.7％、「釣り」1.7％、「キャンプ」0.6％、「スポーツ大会等」0.4％となっており、これらを合わせると53.5％を占めている（図2-7）。したがって、近年の沖縄観光に対するニーズは、こうしたスポーツ・レジャーの分野が重要視されるようになってきており、さらにその満足度が高く評価されていることから、今後はこの分野における観光施策の強化が必要とされる。

4　沖縄観光の振興とスポーツツーリズムの必要性
（1）沖縄観光の振興

　沖縄県における観光振興は、沖縄振興特別措置法第6条「沖縄県知事は、国内外からの観光旅客の来訪の促進に資する高い国際競争力を有する観光地の形成を図るための計画を定めることができる」に基づいて行われている。これにより、沖縄県は「沖縄観光振興計画」を策定し、第1次計画（2002～2004年度）、第2次計画（2005～2007年度）、第3次計画（2008～2011年度）に分け、それぞれの期間内に行う観光振興の基本方針ならびに具体的な施策を展開してきた。

　さらに沖縄県は、長期計画である「沖縄21世紀ビジョン基本計画」「沖縄県観光振興基本計画」に基づき、単年度ごとの数値目標を設定した具体的な誘客行動計画「ビジットおきなわ計画」を2007年度より毎年策定している。この「ビジットおきなわ計画」では、将来の観光客が1,000万人となるよう目指しているが、1年間で重点的に取り組むマーケットや目標を定め、それを達成するための施策展開の方針等を提示している。そして沖縄県は、これらの目標を達成するため、2012年度沖縄県観光関連当初予算として、約92億7,000万円（対前年度比420.0％）を計上し、中でも観光客の誘致促進を図るために必要な経費として約68億200万円（同766.0％）、観光客の受入体制の整備等に関する経費を約10億8,900万円（同283.2％）と大幅に増額している。なお2012年度の具体的な数値目標では、入域観光客数620万人（うち外国人観光客数45万人）、観光収入4,700億円等としており、これを実現するために次の4つの戦略をあげている[4]。

　第1の戦略は、「市場特性に対応した誘客活動の展開」である。まず、交通アクセスの拡充・強化として、海外チャーター便の誘致や新規海外就航路線の早期安

定、既存海外航空路線の搭乗者拡大、国内線を利用する外国人観光客の拡大やクルーズ船の寄航促進をめざしている。また、海外市場における認知度を向上させるため、海外の観光業界への認知度向上や海外の一般消費者への認知度向上を推進するとしている。さらに、市場の特性に対応した国内観光客の安定的な確保として、年間を通じたプロモーション、とりわけ修学旅行の誘致等に加えて、リピーターの特性を踏まえた再訪者誘客、若年層をはじめとする沖縄旅行未経験者市場の開拓を図るとしている。

　第2の戦略は、「離島観光の推進」である。離島独自のプロモーション活動と全県的な展開との連動性を高めるとともに、県民を含めた離島旅行の意識向上に取り組むとしている。具体的には、観光情報サイト（おきなわ物語）において離島情報を積極的に発信するなど、離島観光の推進に努めるとしている。

　第3の戦略は、「沖縄観光ブランド力の強化」である。まず、新たな成長分野への支援として、特にスポーツを活用することによって観光を推進・活性化することができるとされる「スポーツツーリズム」を沖縄に根付かせるため、サッカーキャンプやサイクリングイベントなどの事業を積極的に展開するとしている。さらに、エコツーリズムの推進や医療ツーリズムのあり方を確立するためのプロモーション活動を実施するとしており、より付加価値の高い旅行メニューを推進するため、例えばMICE [2] 誘致を拡大するなど、新たな市場の開拓を目指している。

　第4の戦略は、「観光客の受入体制の整備」である。その主なものとして、ホスピタリティの向上、観光人材の育成、人に優しい観光地づくり、外国人観光客の満足度向上、自然環境等の保全・共生、着地型観光の推進、安全・安心の向上などを目標に掲げ、観光客の受入体制の整備に努めるとしている。

（2）沖縄観光におけるスポーツツーリズムの必要性

　沖縄県は、先に述べた観光振興戦略「沖縄観光ブランド力の強化」の中で、新たな成長分野として、とりわけスポーツを活用することによって観光を推進・活性化させるため「スポーツツーリズム」を積極的に展開している。その実現に向け、2010年6月「スポーツツーリズム沖縄実行委員会」を発足させ、また沖縄県は2011年4月「文化観光スポーツ部」を新設する組織改編を行っている。この沖縄県の組織再編は、従来の文化環境部と観光商工部を再編し、「文化観光スポーツ部」を新設したものである。その組織再編の理由には、沖縄の伝統や文化のほかに、県

内で開催されるスポーツイベントなどを観光と結び付け、より効果的な施策展開を図る狙いがある。

また、沖縄県は、新たな沖縄振興策に結びつけるものとして、観光庁の支援を受けて「スポーツツーリズム戦略推進事業」を実施してきた。この事業は、スポーツを核に民間が主体的に取り組むイベントや旅行メニューの開発、プロモーション等のプロジェクトについて企画提案を公募し、採択された企画提案をモデル事業として実施するものであるが、沖縄県は「第1回エコアイランド宮古島マラソン」「マリンピック in 沖縄プレ大会」「サッカーキャンプ誘致と冬季サッカーリーグの開催」など、11のモデル事業を2010年度実施している。そして、沖縄県はこれらの戦略推進事業の総括として、『スポーツ・ツーリズム推進事業（戦略構築等業務）報告書』を作成し、沖縄におけるスポーツツーリズムの意義とその必要性について明示している[5]。ここでは、この報告書で示されているスポーツツーリズムの意義をもとに、沖縄観光においてスポーツツーリズムを必要とする理由について、以下のとおり整理する。

第1の理由は、スポーツツーリズムを展開することによって、繁忙期と閑散期の格差を縮小させ、雇用創出効果が期待できるからである。現在沖縄の観光は、繁忙期（3月、8月）と閑散期（5月、6月、11月～2月）における来訪者数に差が生じていることは先に述べたとおりである。この傾向は、沖縄に限ったことではないが、特に沖縄の場合は失業率が全国一高く、また観光産業による収入の割合も大きいことから、繁忙期と閑散期の格差を縮小することが雇用創出の面において重要な課題となる。なぜなら、繁忙期と閑散期の格差が大きい場合は、通年雇用を前提とした労働力の確保が難しいため、創出効果が期待できないからである。そこで、閑散期においても沖縄来訪のインセンティブが働くとされているスポーツツーリズムは、1年を通して安定的に観光客を集客することができ、その結果通年雇用の創出効果が期待できる。

第2の理由は、新たな専門性を持った観光産業の人材創出が期待できるからである。スポーツツーリズムを展開することによって、国内外から多数のスポーツ選手やスポーツ観戦者が沖縄を訪れることになる。一般の来訪者と同様、来訪者の満足度を高めることはいうまでもないが、特にスポーツを目的にした来訪者の満足度を高めるためには、単にスポーツ施設・設備の整備や向上といったハード面だけでなく、ソフトの面においても充実させる必要がある。いいかえれば、スポーツ選手が

満足できる施設・設備はもちろんのこと、例えば、それらの施設を整備できる専門性をもった人材が必要となる。スポーツツーリズムには、こうした新たな専門性を持った観光産業の人材創出効果が期待できる。

　第3の理由は、スポーツが持つ周期性による集客効果、それによる経済効果が期待できるからである。スポーツイベントを周期的に実施することによって、そのスポーツイベントに毎年訪れる来訪者を増やすことが期待できる。また、閑散期にスポーツイベントを実施することで、繁忙期と閑散期の差を埋めることが可能となり、スポーツが持つ周期性による集客効果が十分期待できる。

　例えば、毎年2月に実施されるプロ野球キャンプでは、プロ野球選手、球団スタッフといった参加型スポーツツーリストだけにとどまらず、報道関係者、キャンプを見学する一般観光客が見込まれ、これにより雇用創出効果を含む継続した経済効果が期待できる。

　第4の理由は、国内のみならず、海外からの観光客増につながる効果が期待できるからである。現在、プロ野球をはじめとした多くのスポーツチームは、温暖な気候を求めて、閑散期である冬季に沖縄でキャンプを実施している。その中には、国内以外のスポーツチームも多数訪れており、例えば韓国のプロ野球チームは、同時期に日本のプロ野球チームがキャンプを実施していることからシーズン前に日本のプロ野球チームとの交流戦ができるなどの理由により、沖縄でキャンプを実施するチームが増加してきている。そして、この交流戦を目当てに訪れる国内観光客の増加のみならず、また海外からの観戦者も増加してきている。こうした海外チームのキャンプ誘致は、海外のメディアによって沖縄が紹介され、沖縄の認知度が向上することによって海外からの観光客増につながる副次的な効果が期待できる。

　第5の理由は、スポーツ先進県のイメージの定着と向上を通じた沖縄観光を展開することができるからである。現在、沖縄は「スポーツアイランド沖縄」と称して、スポーツ先進県ということをアピールしている。具体的には、県内各地で実施されているマラソン大会、県内の豊かな自然環境に囲まれた中を疾走するサイクルスポーツ、世界の空手の発祥地である沖縄空手、世界を舞台に活躍しているプロゴルファーなどの資源を活かした情報発信をそれぞれのスポーツイベントの開催とセットとして展開している。こうしたスポーツ先進県のイメージの定着と向上を通じて、沖縄への新たな来訪のきっかけづくりに結びつけることが期待できる。

　以上のようなスポーツツーリズムの必要性から、沖縄県では今後スポーツツーリ

ズムを積極的に展開していくことが、沖縄観光の発展にとって有効な施策であるとしている。

5　沖縄観光におけるスポーツツーリズムの現状と課題

　先に述べたとおり、スポーツツーリズムの共通した定義は定まっていない。しかし、原田（2007）は、スポーツツーリズムを次の3つのタイプに分類し、それぞれのタイプに対応した市場を提示している[6]。第1のタイプとしては、スポーツに参加するという「参加型」、第2のタイプはスポーツを観戦するという「観戦型」、第3のタイプはスタジアムやスポーツ博物館といったスポーツアトラクションを訪問するという「訪問型」である。

　そこで、沖縄観光におけるスポーツツーリズムにあてはめてみると、主に「参加型」「観戦型」のスポーツツーリズムを中心に展開してきているといえる。その代表的なものとして、参加型としての「NAHAマラソン」、参加型・観戦型としての「プロ野球春季キャンプ誘致」があげられ、いずれも沖縄観光におけるスポーツツーリズムの成功例とされている。

　参加型スポーツツーリズムとしての「NAHAマラソン」は、那覇市とハワイ州ホノルル市の姉妹都市締結25周年を記念した「太陽と海とジョガーの祭典」をきっかけに、1985年から開催されている市民マラソン大会である。このマラソン大会の趣旨は、「平和を祈念し、マラソンランナーの底辺拡大および市民の体育・スポーツ意識の高揚と健康増進をはかり、あわせて冬場の観光客増大と国際親善交流の促進に寄与する」としている。そしてこのマラソン大会は、閑散期の観光客増による経済効果、沖縄県をPRする効果の面においても沖縄を代表するスポーツイベントとして位置づけられている。大会規模は、東京マラソン、大阪マラソンに次ぐ最大級のマラソン大会であり、毎年12月に行われるこの大会には、2万人から3万人のマラソンランナーが参加している（図2-8）。

　2009年に行われた第25回NAHAマラソン大会の参加者数は、3万81人と大会史上最高を記録し、そのうち1万1,672人が県外からの参加者であったことから沖縄観光と沖縄経済に貢献している。りゅうぎん総合研究所（琉球銀行傘下のシンクタンク）によると、同大会の経済効果は、約16億8,300万円であったとしている[7]。第1回大会の参加者数は、わずか4,503人であった同大会ではあるが、沖縄県のマラソン人口を短期間に増加させるといった効果をあげ、2012年に行われた第28回

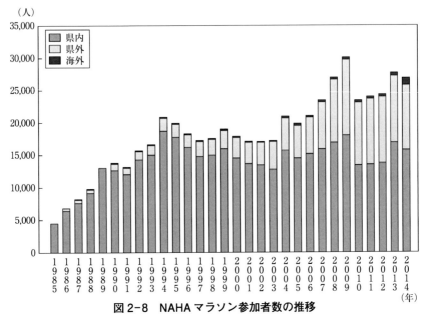

図2-8 NAHAマラソン参加者数の推移

(注) 1985年、1989年の県外・海外からの参加者数は不明
(出所) NAHAマラソンホームページ「大会履歴」より作成

大会の参加申し込みにおいては、ホームページ公開後26時間で申込者数が定員に達するという人気あるマラソン大会へと成長した。

また、参加型・観戦型スポーツツーリズムとしての「プロ野球春季キャンプ誘致」は、1975年に開催された海洋博覧会後の入域観光客数の落ち込みに対処するため、1976年から日本ハム球団の協力を得て取り組んできたとされている。それ以降、沖縄県は冬季の観光振興策としてこのプロ野球キャンプを、当時の沖縄県観光連盟（現沖縄観光コンベンションビューロー）が中心となって誘致活動を行ってきており、今日に至っている。

沖縄でのプロ野球キャンプ誘致の魅力としては、①2月の平均気温が約17度（那覇市の平年値）と本土の他地域と比較して温暖であること、②時差惚けがないこと、③移動が容易であり、経費面でも安価であること、④室内練習場をはじめとした練習施設が整備されていること、⑤多数の球団がキャンプをしていることにより、練習試合を組みやすいことなどがあげられる。

このような魅力を全面的に打ち出すことによって、近年沖縄でキャンプを実施す

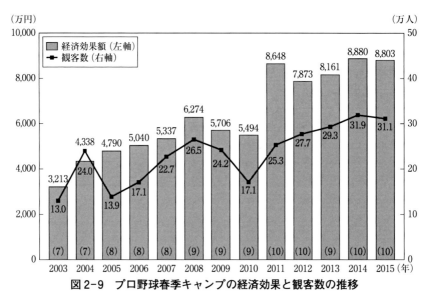

図2-9 プロ野球春季キャンプの経済効果と観客数の推移

(注)（ ）内は沖縄県内でキャンプを実施する国内プロ野球の球団数
(出所) りゅうぎん総合研究所『りゅうぎん調査』

るチームが増え、2014年のプロ野球沖縄キャンプでは、国内10球団、韓国6球団の計16球団を誘致した。キャンプに参加するプロ野球選手、球団スタッフはもとより、こうした人気球団のキャンプ地には、目当ての選手をひと目見ようとする観光客や観客が多数訪れ、沖縄県にもたらす宿泊・飲食をはじめ、関連施設の整備等による経済波及効果は大きなものとなっている。毎年プロ野球春季キャンプの経済効果に関する調査レポートを発表しているりゅうぎん総合研究所によると、2012年の経済効果は88億8,000万円で過去最高額となり、2015年は88億300万円であったと発表している（図2-9）[8]。

日本ハム球団のキャンプをサポートする嘉陽田敦史氏（名護市商工会）は、「日本ハム球団のキャンプを誘致している名護市では、名護市、名護市商工会、日本ハム名護協力会が一体となって、同キャンプを歓迎している」と話す。具体的な支援としては、地元商工会メンバーで構成される日本ハム名護協力会が中心となって、球団歓迎ののぼりを設置するとともに、地元企業や団体は、のぼり1本につき3,000円の協賛金を支払い、同キャンプを盛りあげている。

以上のように沖縄観光においては、スポーツツーリズムが積極的に展開してき

資料2-1 中日キャンプ（北谷公園野球場）　　資料2-2 嘉陽田敦史氏（名護市商工会）

いるが、これらの取り組みに対する課題も明らかになってきている。このことについて、沖縄県は『スポーツ・ツーリズム推進事業（戦略構築等業務）報告書』の中で、沖縄観光におけるスポーツツーリズムのあり方について言及している[9]。そこで、ここでは沖縄県の現状を踏まえ、沖縄観光におけるスポーツツーリズムの課題について、スポーツビジネスの視点から以下の3点を指摘する。

　まず、スポーツツーリズムを支える人材をいかにして育成するかという問題である。今後は、スポーツツーリズムの振興に通じた観光産業の自立化と地域振興が重要となる。これについて岡本（2011）は、スポーツツーリズムの振興では、必ずローカルな場のスポーツに変化がもたらされるとしており、最初から長期的なビジョンで、スポーツツーリズム振興と地域のスポーツ振興を考えていくべきであると述べている[10]。したがって、これまで助成金などに頼ってきた施策にも限りがあり、財政的にも自立した観光産業の構築や地域振興をすすめていく上でも、長期的なビジョンを構想できる人材育成が必要とされる。

　第2に、どのようなスポーツを活用すればスポーツツーリズムとして期待できるかである。沖縄県では、ビーチバレーやビーチサッカーといったビーチスポーツ、マラソン、サイクルスポーツ、プロバスケットボールは、既に一定規模で沖縄に根付いているスポーツとされている。そして、沖縄県は特にこうしたスポーツを観光資源としてとらえ、県内外からスポーツ競技者、観戦者、運営スタッフが繰り返し訪れるような展開を図ろうとしている。中でも、ビーチスポーツではモデル事業として実施された「第1回マリンカップ in 沖縄」、マラソンでは「NAHAマラソン」、またサイクルスポーツでは「ツール・ド・おきなわ[(3)]」に見られるように、こうしたスポーツを活用した参加型スポーツツーリズムは、成功する可能性が高いと考

資料 2-3　那覇空港で掲げられる「プロ野球キャンプ」「サッカーキャンプ」の案内

えられる。今後観戦型スポーツツーリズムを積極的に展開するためには、魅力あるビジネスモデルの構築が必要とされよう。

　第3に、新しいモデルを展開するために必要な財政面での大きな負担の問題である。周知のとおり、沖縄で実施されているプロ野球春季キャンプの誘致は、最も成功しているスポーツツーリズムの事例である。そこで、沖縄県はこのプロ野球キャンプでの成功モデルを参考に、他のスポーツへの展開を模索している。例えば、2011年のモデル事業で実施した「サッカーキャンプ誘致と冬季サッカーリーグの開催」はその一つであるが、これにはJ1のサンフレッチェ広島、J2のジェフユナイテッド市原・千葉、ファジアーノ岡山、横浜FCの4チームと中国のプロサッカーチーム大連実徳の合宿誘致をした。さらに、2012年には、J1のガンバ大阪、サンフレッチェ広島、FC東京、サガン鳥栖、J2のジェフユナイテッド市原・千葉のほか、韓国の水原三星、済州ユナイテッド、中国の深圳紅のプロサッカー8チームと大学サッカーの慶應義塾大学体育会ソッカー部の計9チームをキャンプ誘致した。

　しかし、順調に進んでいるかのように思われるサッカーキャンプの誘致については、ハード面での大きな問題が見えてきた。沖縄県では、2011年9月にオープンした読谷村陸上競技場をはじめとしたサッカー場の新規建設、既設競技場の整備（特にピッチ内の芝生）などが進められてきているものの、多数のサッカーチームを誘致するほどの施設設備を現在備えていない。そのためサッカー春季キャンプを誘致するためには、さらなるインフラの整備にかかる多額な投資が必要となり、これには厳しい財政事情におかれている市町村では、その対応に苦慮しており、財政面での大きな負担が課題となる。

　沖縄県がこれまで積極的に取り組んできた参加型、観戦型のスポーツツーリズム

は、沖縄観光を支えるものとして一定の成果をあげているといえる。例えば、市民マラソン大会として成功をしている「NAHAマラソン」、沖縄におけるスポーツツーリズムのさきがけとなった「プロ野球春季キャンプ誘致」は、単に短期的な経済効果を期待した観光振興にとどまらず、マラソンや野球といったスポーツ文化を沖縄に根付かせ、沖縄県におけるスポーツ振興と地域振興へつながる効果をもたらしてきた。

しかし、2011年度に実施された「スポーツ・ツーリズム戦略推進事業[4]」は、国のスポーツツーリズム振興の方針決定後急遽行われた事業ということもあって、若干疑問が残る事業も含まれていたことは否めない。その意味においては、今後は長期的なビジョンに基づくスポーツツーリズムを展開することが必要であり、「NAHAマラソン」「プロ野球春季キャンプ誘致」などの成功事例を参考にしながら、沖縄県にとってふさわしいスポーツツーリズムを、スポーツ振興や地域振興の観点からも検討してすすめていくことが重要であると考える。

以上のことから、今後の沖縄観光にとっては、スポーツ先進県「スポーツアイランド沖縄」といったブランドの認知度をさらに高め、戦略的にスポーツツーリズムを展開していくことが重要となろう。

Ⅱ 北海道ニセコ地域におけるスポーツツーリズム

1 北海道ニセコ地域における観光発展の経緯

ニセコ地域における観光発展の経緯については、成澤（2003）によって詳細にまとめられている[11]。筆者は、これを参考にして次の5段階に整理した。

第1段階は、入植期～1910年頃（初期開拓期）である。ニセコ地域は、1892年から入植が開始され、北海道鉄道（1904年、現JR函館本線）と国道5号線（1906年、函館～ニセコ～小樽）が開通して発展の基礎が築かれた。また、この間にニセコ各地で温泉の開発・開業が行われた。

第2段階は、1910年頃～1962年頃（スキー・リゾート揺籃期）である。1912年にオーストリアから招聘したレルヒ少佐からスキー技術が伝えられ、1923年にニセコアン（現在のグラン・ヒラフ）スキー場が開設され、1928年には秩父宮がニセコでスキー登山を行ったことで雪質の良いスキー場として知名度が向上した。

第3段階は、1962年頃～1980年頃（スキー・リゾート確立期）である。1962年に日本最大のスキー用リフトが設置されたのを契機に1962年に全日本大会、1970

年に国体が開催されたことで全国的なスキー場としての地位が確立した。ニセコ地域が国定公園の認定を受けた1963年頃の時代は高度経済成長期にあり、地上交通や航空サービスの充実化という追い風も受けて、観光事業に対する活発な投資が行われ、宿泊施設も急増していった。

　第4段階は、1980年頃～2000年頃である。1980年代初めからペンション開業ブームがニセコ地域にも波及し、同時に本州の大手企業によって観光事業への資本投下がなされる新しい時代を迎えるようになった。また1990年代から国民の間に自然志向や体験志向への関心が一層強くなり、アウトドア・スポーツや室内のものづくりを対象とする参加・体験型の観光が脚光を浴びる様になった。

　第5段階は、2000年頃から現代である。ニセコ地域の雪質の素晴らしさがオーストラリア人スキーヤーへ口コミで伝達され、冬季にオーストラリアからのスキー滞在客が急増した。また、これと並行してオーストラリア経済の好調さを背景に、外国人投資家が不動産開発事業への進出を開始し、ニセコ地域では観光と不動産の両面においてグローバル化が進んだ。

2　訪日外国人来道者とニセコ地域の外国人観光客

　ニセコは、スポーツツーリズムをはやくから取り入れた地域である。その結果、近年外国人観光客を急増させ、北海道における観光のグローバル化が加速した。「北海道観光入込客数調査報告書」によると、2013年度の北海道観光入込客数は、道外客（565万人）、道内客（4,629万人）あわせて5,194万人であった。中でも外国人観光客は年々増加傾向にあり、2000年から2013年の14年間で20万6,600人から115万3,100人へと5.6倍増加している。最も来道者が多かった国は台湾の41万5,600人であるが、スキーやアウトドア・スポーツ事業を成功させ、ニセコブームを創ったオーストラリア人も3,700人から3万5,400人へと着実に増加している。

　ニセコ地域の観光の中心は、倶知安町とニセコ町である。北海道における観光入込客数の多い市町村の中でニセコ町は157万人で第20位、また宿泊客延べ数の多い市町村では、倶知安町が89万人泊で第6位、ニセコ町が54万人泊で第12位にランクされている（表2-2）。これらのデータで特に注目すべき点は、倶知安町全体の宿泊客延べ数の89万人泊に対し、外国人の宿泊延べ数が27万3,928人泊と外国人の宿泊延べ数の割合が30.8％と非常に高いことである。

　倶知安町の外国人宿泊延べ数は、2005年の7万6,067人泊から2013年には27

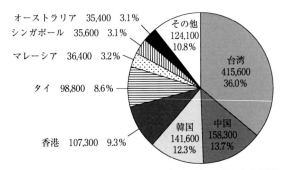

オーストラリア 35,400 3.1%
シンガポール 35,600 3.1%
マレーシア 36,400 3.2%
タイ 98,800 8.6%
香港 107,300 9.3%
韓国 141,600 12.3%
中国 158,300 13.7%
台湾 415,600 36.0%
その他 124,100 10.8%

図2-10 2013年度 訪日外国人来道者の状況
(出所) 北海道経済部観光局『北海道観光入込客数調査報告書（平成25年度）』

表2-2 北海道における観光入込客数の多い市町村・宿泊客延べ数の多い市町村

単位：万人　　　　　　　　　　　　　　　　　　　単位：万人泊

順位	市町村名	入込客数	順位	市町村名	宿泊客延べ数
1	札幌市	1,356	1	札幌市	1,090
2	小樽市	711	2	函館市	353
3	旭川市	533	3	登別市	121
4	千歳市	503	4	釧路市	120
5	函館市	482	5	帯広市	97
6	釧路市	353	6	倶知安町	89
7	登別市	332	7	小樽市	75
8	喜茂別町	264	8	上川町	73
9	洞爺湖町	260	9	旭川市	69
10	帯広市	251	10	富良野市	68
11	上川町	203	11	洞爺湖町	57
12	七飯町	198	12	ニセコ町	54
13	苫小牧市	184	13	北見市	52
14	石狩市	182	14	斜里町	45
15	富良野市	177	15	網走市	45
16	白老町	175	16	音更町	44
17	伊達市	172	17	稚内市	40
18	壮瞥町	168	18	留寿都村	38
19	北見市	159	19	占冠村	36
20	ニセコ町	157	20	室蘭市	29

出所：北海道経済部観光局『北海道観光入込客数調査報告書（平成25年度）』

表2-3 北海道における外国人の宿泊延べ数の多い市町村

単位：人泊

順位	市町村名	宿泊延べ数
1	札幌市	1,361,301
2	登別市	314,506
3	函館市	300,244
4	倶知安町	273,928
5	上川町	179,999

出所：北海道経済部観光局『北海道観光入込客数調査報告書（平成25年度）』

表2-4 北海道における主な国別外国人の宿泊延べ数の多い市町村

中国の宿泊延べ数の多い市町村　　単位：人泊

順位	市町村名	宿泊延べ数
1	札幌市	180,005
2	北広島市	22,480
3	壮瞥町	21,741
4	洞爺湖町	18,622
5	登別市	17,578

韓国の宿泊延べ数の多い市町村　　単位：人泊

順位	市町村名	宿泊延べ数
1	札幌市	134,649
2	登別市	48,709
3	留寿都村	12,532
4	洞爺湖町	11,434
5	小樽市	11,050

台湾の宿泊延べ数の多い市町村　　単位：人泊

順位	市町村名	宿泊延べ数
1	札幌市	391,198
2	函館市	216,106
3	登別市	164,837
4	上川町	121,134
5	洞爺湖町	59,888

香港の宿泊延べ数の多い市町村　　単位：人泊

順位	市町村名	宿泊延べ数
1	札幌市	219,809
2	倶知安町	45,438
3	登別市	32,029
4	小樽市	22,722
5	ニセコ町	20,398

シンガポールの宿泊延べ数の多い市町村　単位：人泊

順位	市町村名	宿泊延べ数
1	札幌市	87,487
2	倶知安町	24,275
3	登別市	18,781
4	上川町	15,628
5	ニセコ町	9,649

タイの宿泊延べ数の多い市町村　　単位：人泊

順位	市町村名	宿泊延べ数
1	札幌市	128,513
2	登別市	15,873
3	上川町	12,955
4	壮瞥町	11,190
5	函館市	9,667

オーストラリアの宿泊延べ数の多い市町村　単位：人泊

順位	市町村名	宿泊延べ数
1	倶知安町	143,904
2	ニセコ町	19,929
3	札幌市	18,716
4	留寿都村	15,012
5	富良野市	14,128

出所：北海道経済部観光局『北海道観光入込客数調査報告書（平成25年度）』

万3,928人泊と急増しており、道内全体で第4位にランクされている。宿泊延べ数の内訳でみると、オーストラリア人の宿泊延べ数が14万3,904人泊と圧倒的に多く、札幌市を抜いて第1位にランクされている。これに次いで香港の宿泊延べ数が4万5,438人泊、シンガポール人の宿泊延べ数が2万4,275人泊となっており、オセアニア、アジアからの来訪者が多い。また、倶知安町の外国人登録数は、2003年64人であったが、2013年には275人と急増している。

ニセコ町の外国人宿泊延べ数は、2002年の4,715人泊を境に急激に増加し、2013年には過去最高の10万8,239人泊に達した。宿泊客数の内訳でみると特にアジア、オセアニアからの来訪者が増加している。また、倶知安町と同様に外国人登録数でも、ここ10年間で約10倍に達し、2013年には133人と急増している。

3　ニセコ地域に外国人観光客が急増した理由

2006年1月、「オーストラリアからのスキー客がニセコ地域に大挙している」との報道がされた[12]。当時人口1万6,000人の倶知安町に8,000人のオーストラリア人が訪れ、「ミニバブル」の様相さえ呈しているというものであった。実際、倶知安町観光課のデータによれば、2000年度のオーストラリア人観光客は314人にしかすぎなかったが、2004年度には4,201人、2013年度には2万2,961人に達しており、13年間で73.1倍にもなっている。

前述したとおり、倶知安町はオーストラリア人以外の外国人観光客も増加しているが、特にオーストラリア人観光客の比率が高く、また季節的には冬季のスキーシーズンに集中している（夏季1：冬季9）という特徴がみられる。実際、2013年度外国人観光客数の5万2,737人に対し、オーストラリア人観光客数が2万2,961人（43.5％）、宿泊延べ数においても外国人宿泊延べ数27万3,928人泊に対し、オーストラリア人の宿泊延べ数が14万3,904人泊（52.5％）と高い値を示している。

それでは、なぜニセコ地域に外国人観光客、特にオーストラリア人観光客が急増したのであろうか。その理由について、鬼塚（2006）・日本貿易振興機構（JETRO）らはいくつかの要因をあげており[13] [14]、それらを整理すると次のとおりである。

第1に、ニセコ地域の自然資源の優良さである。中でも同地域在住でアウトドアビジネスを営むオーストラリア人実業家やオーストラリア人スキー客によって、豊富な積雪と「パウダースノー」と呼ばれる良質な雪質が評価された点が大きい。さらに、彼らが好んでアウトドアビジネスを始めるに至ったラフティングをはじめと

した各種のアウトドア・スポーツのフィールドは、同地域における自然資源の質の高さも海外からの来訪者誘致の最大の要因となっている。

　第2に、ニセコ地域に移住したオーストラリア人によって、同地域の自然資源を楽しむためのアウトドア・スポーツが考案されただけでなく、そのアウトドアビジネスを始めた実業家たちによって本国の人々に「口コミ」で紹介されたことである。事実、「口コミ」によってニセコを訪れるオーストラリア人スキー客はリピーターが多いという特徴があり、この「口コミ」による評判は再訪意図に大きな影響を及ぼしている[15]。また、このことは佐藤ら(2009)の研究においても、スポーツツーリストの再訪意図の知覚価値は「評判」が最も高い要因を示しており、人々に良い評判を伝えることが、ニセコを訪れるスポーツツーリストのリピーター化には重要であると言及している[16]。

　さらに、彼らが始めたビジネスは、アウトドア・スポーツに関して未成熟であった日本においては、新しい分野の旅行商品・サービスとなり、優良なニセコ地域の自然資源をどのように楽しむか、またどのように観光資源として活用することができるかを考え、その結果同地域の自然資源に付加価値を与えることにつながった。特に北海道におけるラフティングやカヌーなどの親水スポーツに関する各種アクティビティは、ニセコ地域のオーストラリア人実業家らがパイオニア的な役割を果たしたことが大きい。

　第3に、オーストラリア人のライフスタイルに合致していたことがあげられる。スキーシーズンであるこの時期は、オーストラリアでは夏季バケーションの期間にあたり、彼らは比較的長期の滞在を楽しむことが可能である。実際、オーストラリアからのスキー客の宿泊数の平均は10.7泊と他の海外マーケット(台湾、香港、韓国からの旅行者の平均は1.0泊)や国内マーケットの平均滞在(1〜3泊)に比べて長いことが各観光統計調査からも明らかにされている。このことは、「リゾート化」を図ろうとしていたニセコ地域にとっても安定した観光ビジネスとなり、優良な自然資源の魅力とリゾート型滞在の可能性を持つ同地域の取り組みをオーストラリアのマーケットに宣伝したことは、ニセコにおける外客誘致の促進に大きな役割を果たしたといえる。

　第4に、2001年9月11日の米国における同時多発テロ事件をきっかけに、オーストラリアからのスキー・デスティネーションとしての欧米への航空旅行の安全性が不安視され、その代替地としてニセコ地域が選択されたことにある。代替地に選

資料2-4　ニセコひらふ地区の景観（上：夏季、下：冬季）

択された理由は、前述した諸理由に加え、安全性・飛行距離の短時間性・時差の少なさ・欧米スキー場との料金比較の優位性などがあげられる。

　第5に、当時過去10年以上にわたって続いていたオーストラリア国内の好景気や豪州ドルの実勢レート高騰も大きな要因となったと考えられる。また、外国人投資家が不動産開発事業への進出を開始し、ニセコ地域が観光と不動産の両面においてグローバル化が進み、特にオセアニアやアジアからの外国人観光客が増加したものといえる。

4　ニセコ地域におけるスポーツツーリズムの現状

　スポーツツーリズムは、さまざまな形でのスポーツとのかかわりを、地域の観光資源と融合させることによって成功させることができる。この点でいうとニセコ地域は、自然資源というすばらしい観光資源を有しており、この自然資源と多様なスポーツを融合させたことで成功したということができる。しかし、残念ながらそのことにいちはやく着目したのは、ニセコ地域の日本人ではなく、オーストラリア

第2章 スポーツツーリズムを推進する地域の取り組み　　49

資料2-5　ニセコアドベンチャーセンター［NAC］(左)、ラフティング(右)

人のロス・フィンドレー氏 (5) (現ニセコアドベンチャーセンター［NAC］代表取締役)であった。

　彼は、まずニセコ地域の自然資源として活用できるものとして、豊富な積雪とパウダースノーと呼ばれる良質な雪の存在に注目した。同氏が初めてニセコでスキーをしたとき、その雪質の素晴らしさに驚いたという。その後、同氏が口火を切り、ニセコを訪れたオーストラリア人の実業家達によってニセコのパウダースノーの雪質がオーストラリアの人々に「口コミ」で伝わり、多くのスキー客が冬のシーズンに来日するようになったという。その結果、ニセコ地域はリゾートとしての規模から「東洋のサンモリッツ」と呼ばれるようになった。

　さらに彼は、ニセコ地域の自然資源を楽しむためのアクティビティの開発を行った。山口 (2008) によると、同氏が1992年ニセコに住み始めた頃は、夏のスポーツといえばニセコの自然資源を生かしたゴルフくらいであり、それ以外のスポーツやアクティビティはほとんど行われていなかった。そこで、同氏は、1995年に道内初のラフティングを尻別川で行い、これをきっかけにオーストラリア人起業家によって夏季親水スポーツ事業をニセコ地域で展開し、この地域における夏季観光需要を伸長させた。したがって、同氏は、冬のスキーによる観光が中心であったニセコ地域に、ラフティングなど夏の体験観光の魅力を付加し、広く国内外から観光客が集まる通年型観光地に変貌させたリーダーということができる [17]。

　その後、オーストラリアから移住してきてアウトドアビジネスを始めた実業家たちによって、ラフティング、ダッキー、カヤック、マウンテンバイク、トレッキングなどの様々な夏季のアクティビティが考案され、その結果通年型観光リゾート地として成功をしている。

実際、ニセコ町の観光客入込数の推移をみても、1999年度を境に夏季と冬季の観光客入込者数が逆転しており、こうしたフィンドレー氏らの取り組みによる夏季アクティビティによるアウトドアビジネスの導入によって、夏季の観光客入込者数の増加にもつながっている。

スポーツツーリズムを成功させるためには、またその地域の観光推進をする意味においても、その地域の観光振興を牽引するための組織的な取り組みが必要である。

まず、北海道全体の観光振興における組織的な取り組みとしては、2001年の「北海道観光のくにづくり条例」の制定があげられる。この条例は、北海道を国際的に通用する観光地とし、観光に関わる産業を北海道のリーディング産業とすることをめざして制定されたものである。具体的には、道民、観光事業者、観光関係団体及び行政機関の協働を前提として、①環境を保全し活用する、②食の魅力を生かす、③観光客が安心して快適に観光できる環境づくり、④観光にかかわる産業を発展させる、⑤国内及び海外からの観光客を誘致する、などである。また、これらの目的を達成するための具体的な施策として、2001年10月には「北海道アウトドア活動振興条例」を施行し、具体的には「北海道アウトドア活動振興推進計画」を策定するなど、特にアウトドア活動の振興に関する施策を講じている。さらに、北海道運輸局が中心となって「北海道スポーツ観光会議」を開催するなど積極的に取り組んでいる。

ニセコ地域の観光推進組織は、後志支庁（後志総合振興局）の観光担当部局に商工労働観光課が置かれている。また各町においては、単独組織として商工観光課が設置されており、それぞれ商工会議所や観光協会が組織されている。

倶知安町では、倶知安観光協会で外国人職員を採用するなど、インバウンドの整備に努めており、さらにその下部組織として「倶知安観光協会ひらふ支部」を置いて主にグラン・ヒラフスキー場の観光推進を担っている。

またニセコ町では、2003年9月、全国で初めて観光協会を株式会社化した「ニセコリゾート観光協会」[6]を設立し、地域に根ざした会社ならではのネットワークや情報を活用してニセコ町の観光誘致に貢献している。

これら単独組織の他に、ニセコ地域における観光推進を目的に連合体組織を設置し、広域的な観光推進に取り組んでおり、その主なものは次のとおりである。

ニセコ山系観光連絡協議会は、1980年にニセコ連峰を囲む5町によって発足さ

資料2-6　ニセコリゾート観光協会があるニセコビュープラザ

せた協議会であり、5町の自治体の観光担当部署がそれぞれ情報交換を行い、『ニセコ エクスプレス』という観光ガイドブック（英語版も発行）を発行している。

　後志観光連盟は、「しりべしiネット」というホームページを立ち上げ、後志地域の観光情報を発信している。現在は、17カ所に「iセンター」を設置して観光客への対応を行っている。

　一般社団法人ニセコプロモーションボード（NPB）[7]は、ニセコ、倶知安の行政機関と経済団体、観光事業者が集結し、観光リゾート地として持続的な発展を支援し、さらに地域経済の活性化に資することを目的につくられた組織である。主な事業内容としては、ニセコ、倶知安の観光プロモーションに関する調査研究、観光地区プラン、インフラ整備に関する調査研究、各種団体に対する支援と連携を促進するためのコーディネーション活動等を行っている。

5　国際リゾートをめざすニセコ地域の課題

　国際リゾートをめざすニセコ地域は、2009年1月「ニセコ地域における外国人観光客の満足度調査[8]」（以下、満足度調査という）を実施している。満足度調査の目的は、ニセコ地域を訪れる外国人観光客の満足度構造、消費行動を把握するためのものであるが、この満足度調査の総合満足度の項目において「大変満足」46.5％、「満足」40.7％、「やや満足」9.5％と肯定的な回答が96.7％であった。この数値は、主に日本人を対象に日本全国で実施した「観光集客地における顧客満足度調査」と比較すると、「大変満足」が20ポイント以上も高く、ニセコ地域を来訪する外国人観光客の総合満足度は、非常に高い評価であったといえる。

　しかし、この満足度調査において総合満足度が高い評価であった一方、ニセコ地

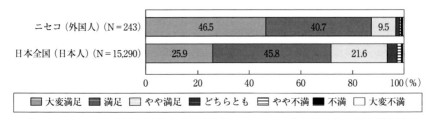

図2-11 ニセコ外国人観光客と日本全国における日本人観光客の総合満足度
(出所) 経済産業省 北海道経済産業局『北海道の観光産業のグローバル化促進調査事業報告書』、経済産業省『観光集客地における顧客満足度 (CS) の活用に関する調査研究報告書』から作成した

域ではスキーを楽しむ外国人観光客が、怪我や病気で地域の病院に行くケースが増加しており、病院ではこうした外国人対応は想定外の部分が多く、意思疎通など様々な課題を抱えている。またそれと同様に、外国人観光客が商店街等で買い物や飲食をする場面においても、通訳サービスが提供されていないなど、地域と外国人観光客の円滑なコミュニケーション環境が不十分な状況にある。

さらに、満足度調査においてニセコ地域におけるスキー、交通、宿泊施設、レストラン、買い物などのシーンでの個別項目についての評価を計測した結果、「雪の量と質」「自然景観」「スキー場の魅力」といったニセコの自然環境に対する評価は上位の評価を占めている。それに対して「金融」「情報」「交通」のサービスインフラ系の項目の多くが下位の評価を占めていることから、具体的な課題が明らかとなった。

こうした現状を踏まえ、筆者らは国際リゾートをめざすニセコ地域の課題を次にあげておく。

まず第1に、国際リゾートとしてのニセコ地域のビジョンを明確化する必要がある。ニセコ地域には、多様な観光資源が点在し、国際リゾートとしての高いクオリティーを有している。しかし、残念ながらこれらの観光資源は、個々によって利用されているに過ぎず、ニセコ地域全体のビジョンによって、これらの観光資源が活用されているとは言い難い。その原因としては、観光推進組織の複雑化がそうさせているのではなかろうかと考える。ニセコ地域には、各町に商工観光課や観光協会といった行政組織、さらに「ニセコ山系観光連絡協議会」「後志観光連盟」「ニセコプロモーションボード」といった広域型観光推進組織が設置されているが、これらの組織は必ずしも合理的かつ有機的に運営されているとはいえない。何よりも重要

なのは、ニセコ地域全体で国際リゾートを目指すためのビジョンを明確化することであり、意思決定の一元化やスピーディーな問題解決が必要不可欠といえよう。このことについて片山（2009）は、民間の活力を地域経営に活かし、縦割り行政の弊害を取り除くためには、この地域の観光部門を統合するなど、意思決定の一元化、山積する課題解決への的確な対応が急務となると指摘している [18]。

　第2に、外国人観光客が最も高く評価している地域資源の保全、環境と調和したリゾート地づくりへの配慮である。近年の「ニセコブーム」に便乗して、ニセコアンヌプリ山を中心としたニセコ地域では、大規模な開発や投資、特に最近では香港やマレーシアなどのアジアの企業による大規模なリゾート開発が目立っており、地域の重要な観光資源である自然環境や景観に悪影響を及ぼすのではないかと危惧されている。実際、海外資本の森林取得の増加を受け、ニセコ町では水資源を保全するための条例を施行するなどの対策を講じている [19]。したがって、ニセコ地域の地域資源をいかに保全し、環境と調和したリゾート地づくりが急務といえよう。

　第3に、国際リゾート地としての受け入れ体制、いわゆるインフラの整備である。具体的には、「金融」「情報」「交通」のインフラの整備があげられる。「金融」のインフラについては、満足度調査の項目の中で最も低い評価となっており、その対応が急がれるところである。実際に小規模店舗、宿泊施設、レストランなどではクレジットカードでの支払いが可能な施設もあるが、現金払いしかできないところも数多くある。また、英語による国際クレジットカードが利用できるATMは、倶知安中央郵便局、コンビニエンスストアーのセブンイレブンには設置されているが、外国人観光客にとっては、まだまだ満足できるものとなっていない。そこで、2011年6月2日より北洋銀行倶知安支店が外国為替取扱店となり、ニセコ地域での外貨の取り扱いについて改善を行ったが、国際リゾート地としての金融インフラの整備という点では、まだまだ不十分といえる。

　次に、「情報」のインフラについてであるが、満足度調査における「自国での観光情報の入手しやすさ」「自国での宿泊施設情報の入手しやすさ」「食事に関する情報の入手しやすさ」では、全体的に低い評価となっている。実際国際化に対応した情報発信の整備は十分とはいえず、各関係機関と協力した充実が必要である。観光庁が訪日外国人旅行者に行った「訪日外国人消費動向調査」によれば、出発前の旅行情報で役に立ったものについては、「個人のブログ」がトップで19.7％、「旅行会社ホームページ」は11.8％、「日本政府観光局ホームページ」は12.9％であり、一

方、ガイドブックの利用は26.9％と高い数値を示しているという[20]。したがって、こうした訪日外国人に対する調査結果に基づき、効率的な情報を発信することが有用となろう。

さらに「交通」のインフラについても満足度調査では、「交通手段の頻度と時間」「ニセコまでのアクセス」で低い評価となっており、特にスキー場地区と市街地の交通アクセスの不便さがあげられている。この対策として、冬季の夜間に限るナイト号の運行によって、両地区間のアクセスが若干改善させてはいるものの、特に昼間や夏季の交通アクセスについては未だに課題が残る。一方、ニセコに入る広域交通は、冬季は期間限定のニセコスキーエクスプレスの運行や、新千歳空港とニセコのスキー場地区をダイレクトに結ぶ専用バスが運行されているが、夏季期間の運行はされておらず、依然として夏季における広域アクセスの課題が残されている。

第4に、国際リゾートをめざすニセコにとって、避けて通ることのできない課題として、言葉の問題がある。実際、外国人観光客を相手とする観光事業者や行政の担当者には、語学に堪能な人材が配置されているものの、個人経営の商店や飲食店などでは、そうした対応ができていないのが現状である。飲食店などでは、英語表記のメニューを置くなどの対応がされている店舗もあるが、接客の対応までできている店舗は少ない。

また、医療機関において不安を抱く外国人観光客も多く、通訳による十分な対応が求められる。特に冬季においては、スキーを楽しむ外国人観光客が怪我や病気で地域の病院に行くケース、夏季においても多種多様なアクティビティによる怪我で病院に行くケースがあるため、医療機関ではこうした外国人との意思疎通などの点での課題が大きい。

さらに、最近ではオーストラリアの観光客だけでなく、東南アジアの観光客が増加傾向にあることから、英語だけでなく、中国語や韓国語などの対応が求められている。したがって、国際リゾートをめざすニセコにとっては、外国人とのコミュニケーションをサポートするマルチリンガルに対応したサポートシステムの構築が、必要不可欠であるといえよう。

【注】
(1) 総合保養地域整備法は、リゾート産業の振興と国民経済の均衡的発展を促進するため、多様な余暇活動が楽しめる場を、民間事業者の活用に重点をおいて総合的に整備することを目指し、1987年に制定された法律である。
(2) MICEとは、企業等の会議（Meeting）、企業等の行う報奨・研修旅行（Incentive Travel）、国際機関・団体、学会等が行う国際会議（Convention）、展示会・見本市、イベント（Exhibition/Event）の頭文字からなる造語であり、多くの集客交流が見込まれるビジネスイベントなどの総称。
(3) 1989年から開催されている自転車ロードレース大会。レースイベントの中で最上級クラスの「チャンピオンレース」は、国際自転車競技連合（UCI：Union Cycliste Internationale）のアジアツアーに組みこまれており、レースグレード2.2（2級カテゴリーのステージレース）として位置づけられている。毎年11月第2土曜から日曜に沖縄県名護市を中心に沖縄本島北部地域において開催され、2015年大会の参加者は約5,000名。
(4) 「スポーツアイランド沖縄」と称し、新たなスポーツイベント、スポーツを活用した新しい旅行メニューの開発を目的とした6事業（①第1回マリンカップin沖縄、②ECOスピリットライド＆ウォークin南城市、③美ら島オキナワCentury Run 2012、④石垣島アースライド2011、⑤プロバスケットボールチームをコンテンツとするスポーツブランドツーリズム、⑥沖縄・韓国〔アジア〕ジュニアゴルフ交流キャンプ）を実施することによって、沖縄観光におけるスポーツツーリズムの定着化を試みた。
(5) ロス・フィンドレー：1964年オーストラリア・メルボルン生まれ。1990年に来日して札幌でスキー学校のインストラクターを経験し、1992年倶知安町に移り住む。建設会社で働きながら、スキーのインストラクターを続け、1994年NAC（ニセコアドベンチャーセンター）を設立し、現在同センター代表取締役。国土交通省より、観光振興の核となる人材として「観光カリスマ百選」（通年型アウトドア体験観光のカリスマ）の一人として選定された。
(6) 2003年9月1日、全国で初めて株式会社化した観光協会である。資本金は、2,000万円（町民50％＝120件200株、町50％＝200株）、事務局は道の駅ニセコビュープラザ内にある。
(7) 2007年9月7日、「有限責任中間法人ニセコ倶知安リゾート協議会」として設立された組織であるが、2009年5月27日、「一般社団法人ニセコプロモーションボード」へ名称が変更された。代表理事はロス・フィンドレー氏（NAC代表取締役）、村上公彦氏（ニセコアンヌプリ国際スキー場、中央バス観光商事株式会社代表取締役社長）、事務局はニセコ高原ホテル内に開設されている。
(8) 経済産業省北海道経済産業局による『北海道の観光産業のグローバル化促進調査事業』「ニセコ地域における外国人観光客CS調査、及び通訳サービス実証調査」、調査期間は2009年1月20日〜22日、調査場所はニセコ地域のスキー場施設で行った。

【引用文献】
[1] 国土交通省観光庁『旅行・観光産業の経済効果に関する調査研究』2015年3月、pp.394-395.
[2] 沖縄県『観光要覧(平成24年)』2013年9月、pp.1-2.
[3] 「沖縄タイムス」2012年8月16日付
[4] 沖縄県文化観光スポーツ部『平成24年度ビジットおきなわ計画』2012年5月、pp.3-7.
[5] 沖縄県『平成22年度スポーツ・ツーリズム推進事業(戦略構築等業務)報告書』2011年3月、pp.57-58.
[6] 原田宗彦「スポーツツーリズム」『スポーツ産業論』第4版、杏林書院、2007年、pp.254-265.
[7] りゅうぎん総合研究所『りゅうぎん調査』No.485、2010年3月、pp.22-25.
[8] りゅうぎん総合研究所『りゅうぎん調査』No.549、2015年7月、pp.26-31.
[9] 前掲[5]、pp.59-60.
[10] 岡本純也「地域活性化策としてのスポーツ・ツーリズムの可能性」一橋大学『一橋大学スポーツ研究』30巻、2011年10月、pp.64-65.
[11] 成澤義親「アウトドア活動の事業化過程──ニセコにおけるラフティング事業を例として」日本国際観光学会『論文集』第10号、2003年2月、p.65.
[12] 「朝日新聞」2006年1月20日付
[13] 鬼塚義弘「ニセコ地域への外国人観光客急増とその理由──世界のリゾートと競争するために」(財)国際貿易投資研究所『国際貿易と投資』No.63、2006年、pp.118-119.
[14] 日本貿易振興機構 北海道貿易情報センター『ニセコ地域における外国人の観光と投資状況に関する報告書』2006年1月、pp.5-6.
[15] 経済産業省 北海道経済局『北海道の観光産業のグローバル化促進調査事業報告書』2009年3月、pp.39-40.
[16] 佐藤晋太郎・原田宗彦・大西孝之「スポーツツーリストとスポーツエクスカーショニストの再訪意図──ニセコの来訪者の知覚価値に着目して」日本スポーツマネジメント学会『スポーツマネジメント研究』第1号1巻、2009年6月、p.29.
[17] 山口一美「観光振興による地域活性化──リーダーによる地域資源の発見と活用」文教大学『国際学部紀要』第19巻1号、2008年7月、pp.110-112.
[18] 片山健也「国際リゾート地としての課題」地方シンクタンク協議会『機関誌』No.82、2009年1月、p.5.
[19] 「産経新聞」2011年4月30日付
[20] 観光庁「訪日外国人消費動向調査」2011年3月

【参考文献】
・工藤康宏・野川春夫「スポーツ・ツーリズムにおける研究枠組みに関する研究──"スポーツ"の捉え方に着目して」順天堂大学『スポーツ健康科学研究』第6号、2002年3月

- 二宮浩彰「日本におけるスポーツ・ツーリズムの諸相――スポーツ・ツーリズム動的モデルの構築」同志社大学『同志社スポーツ健康科学』1巻、2009年3月
- 松永敬子「日本におけるスポーツ・ヘルスツーリズムの現状と課題」龍谷大学『龍谷大学経営学論集』第48巻第4号、2009年3月
- 沖縄県文化観光スポーツ部『平成23年度観光統計実態調査』2012年3月
- 沖縄県『平成23年度スポーツ・ツーリズム戦略推進事業実施報告書』2012年8月
- 沖縄県『観光要覧（平成24年）』2013年9月
- NAHAマラソンホームページ（http://www.naha-marathon.jp/）
- 杉谷正次「沖縄観光におけるスポーツ・ツーリズムの現状と課題」愛知東邦大学『東邦学誌』第41巻第2号、2012年12月
- ボニータ・M・コルブ、近藤勝直監訳『都市観光のマーケティング』多賀出版、2007年
- 北海道経済部観光局『北海道観光入込客数調査報告書（平成21年度）』2010年7月
- 倶知安町『倶知安町の統計（2014年度版）』
- ニセコ町 統計資料『数字で見るNISEKO』2014年5月
- 経済産業省『観光集客地における顧客満足度（CS）の活用に関する調査研究報告書』2009年6月
- 杉谷正次・青木葵・石川幸生・御園慎一郎・杉浦利成「スポーツ・リズムの可能性を探る――国際リゾートをめざす北海道ニセコ地域の事例から」愛知東邦大学『東邦学誌』第40巻第2号、2011年12月
- 石川幸生・杉谷正次『現代スポーツビジネス』三恵社、2012年

第 3 章　生涯スポーツとしてのスポーツツーリズムの可能性を探る

　厚生労働省の『国民健康・栄養調査』結果によると、運動習慣のある者の割合（20歳以上）は男性70歳以上が45.0％と最も高く、60〜69歳が42.6％、女性では60〜69歳が38.4％、次いで70歳以上が35.7％となっており、このことからシニア層においてはスポーツが盛んに行われていることが推測できる。そして、わが国では人口に占めるシニア層の割合が急増することから、こうしたシニア層のレジャー・余暇活動の市場拡大が注目視されている。

　また、2012年6月に発表された日銀短観によると、内需を主体とする大企業・非製造業の業況判断指数の業種別では、「宿泊・飲食サービス」がプラス3と5年ぶりにプラスに転換し、さらに旅行などによる「対個人サービス」はプラス25となっており、2004年にこの分類で調査を始めて以来、最高記録と

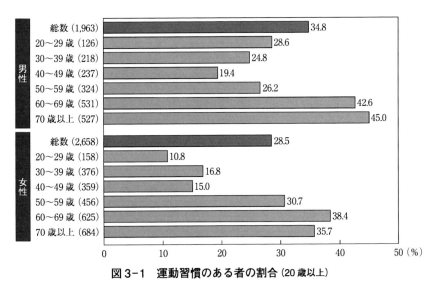

図3-1　運動習慣のある者の割合（20歳以上）

(注) 運動習慣のある者：1回30分以上の運動を週2回以上実施し、1年以上継続している者
(出所) 厚生労働省『国民健康・栄養調査』(2010)

第3章　生涯スポーツとしてのスポーツツーリズムの可能性を探る　　　59

資料 3-1　高齢者の消費の推移

(出所)「中日新聞」2012 年 7 月 3 日付

なったと発表している。ここ数年、現役世代の所得が伸びない中で、個人消費がこのように安定しているのはなぜだろうか。その理由として、日銀は60歳以上の旺盛な消費が個人消費の増加に貢献しているのではないかと指摘している。また、第一生命経済研究所の分析では、2011年の個人消費全体（101.2兆円）に占める割合については、60歳以上の個人消費比率を44％と試算しており、このことは今後の消費動向に大きく影響を及ぼすのではないかとしている。

　このような状況を踏まえ、筆者らは特にシニア層を中心とした「するスポーツ」の代表的な競技として、「グラウンド・ゴルフ」「パークゴルフ」「卓球」に焦点をあて調査研究を実施することにした。具体的には、「グラウンド・ゴルフ発祥地大会」（鳥取県湯梨浜町）、「全日本パークゴルフ大会」（千葉県酒々井町）、「いで湯卓球大会」（岐阜県下呂市）を調査対象として調査を実施し、生涯スポーツとしてのスポーツツーリズムの可能性について検討した。

I　グラウンド・ゴルフによるスポーツツーリズム──鳥取県湯梨浜町発祥地大会の事例から

1　グラウンド・ゴルフと発祥地大会

　グラウンド・ゴルフは、文部省生涯スポーツ推進事業の一環として、1982年鳥

資料3-2　グラウンド・ゴルフ発祥地大会

取県東伯郡泊村（現在は湯梨浜町）の教育委員会が中心となって考案した競技である。競技の特徴としては、特に高度な技術を必要とせず、全力を出す場面と集中力や調整力を発揮する場面がうまく組み合わさったニュースポーツである。グラウンド・ゴルフは、個人競技で比較的ルールも簡単なことから、初心者でも簡単に取り組むことができるニュースポーツとして脚光を浴び、実施人口は約343万人、また競技人口は約150万人と推計されており、協会登録人口は約19万人（2015年3月現在）ともいわれているシニア層の中でも人気のあるニュースポーツである。

研究対象とした「グラウンド・ゴルフ発祥地大会」は、鳥取県湯梨浜町及び発祥の地「とまり」を全国に発信するとともに、各地の愛好者代表プレーヤーを迎えグラウンド・ゴルフを通じた友好と親睦の輪を広げ、交流を深めるために開催されている大会である。同大会は毎年6月、グラウンド・ゴルフのふる里公園「潮風の丘とまり」コースにおいて行われ、全国からグラウンド・ゴルフ愛好者768人が集まり、2日間の競技と交流が展開される特別なイベントとなっている。

2　調査方法と調査内容

調査は、第25回大会（2013年6月8日〜9日）、第26回大会（2014年6月14日〜15日）の大会期間中に実施した。第25回大会はアンケート調査、第26回大会はインタビュー形式で調査を行った。第25回大会のアンケート調査では、質問票の配布数768票、回収数143票（回収率18.6％）、そのうち有効回答数は141票であった。第26回大会のインタビュー調査では、地元参加者を除く90名に対し、アンケート調査で行った質問票の調査項目と同じ質問内容で実施した。

質問票の調査項目は、基本属性に関する内容（居住地、性別、年齢、競技歴、活動

状況、運動歴、グラウンド・ゴルフの楽しさ）と、大会参加に関する内容（始めた動機、楽しさ、大会参加経験、大会参加理由）、大会参加における旅行に関する内容（旅行形態、宿泊日数、旅行消費額、再参加希望）である。

3 調査結果

(1) 属性（居住地、性別、年齢）

調査結果からプレーヤーの居住地は23府県の広がりがあり、地元鳥取県（13％）、島根県、岡山県（6.7％）、愛知県、京都府、大阪府、兵庫県（6.2％）の構成比が高かった。性別では、男性の構成比（53.3％）、女性の構成比（46.7％）ほぼ同じであった。

表3-1 属性（居住地、性別、年齢）

(1) 居住地

都道府県	回答数	参加者数
埼玉県	10	28
長野県	4	4
静岡県	9	16
愛知県	19	48
三重県	1	4
滋賀県	0	16
京都府	11	48
大阪府	6	48
兵庫県	0	48
和歌山県	4	32
鳥取県	0	100
島根県	0	52
岡山県	0	52
広島県	4	40
山口県	0	16
愛媛県	1	40
高知県	0	36
福岡県	5	24
佐賀県	8	12
長崎県	2	28
熊本県	0	4
鹿児島県	4	40
沖縄県	2	32
計	90	768

(2) 性別

	回答数	構成比（％）
男性	48	53.3
女性	42	46.7
計	90	100.0

(3) 年齢

男性	最高	86歳	
	最低	60歳	
	平均	73.8歳	
女性	最高	81歳	
	最低	59歳	
	平均	70.8歳	
平均		74.2歳	

	回答数	構成比（％）
50歳～59歳	1	1.1
60歳～69歳	23	25.6
70歳～79歳	57	63.3
80歳以上	9	10.0
計	90	100.0

プレーヤーの年齢構成は、59歳～86歳であった。特に、その中で構成比が高かった年齢層は、70歳～79歳（63.3%）であった。

（２）グラウンド・ゴルフに関する内容

グラウンド・ゴルフに関する内容のアンケート結果から、プレーヤーの競技歴を見ると「10年以上（58.9%）」、「5年以上～10年未満（18.9%）」、「3年以上～5年未

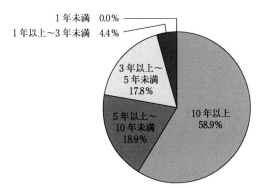

図3-2　グラウンド・ゴルフの競技歴

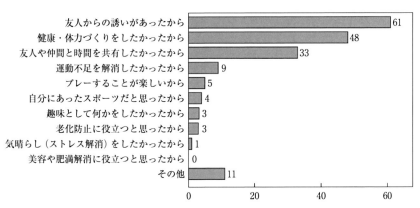

図3-3　グラウンド・ゴルフを始めたきっかけ（3つまで選択）

〈その他〉
- 地域（町内会）で開催されたグラウンド・ゴルフ大会へ参加したから（4）
- 老人クラブが主催する大会へ参加したから（3）
- 夫婦で一緒にプレーできるスポーツだから（2）
- 地区の体育協会で指導されたから（1）
- 商工会の健康イベントに参加したから（1）

満（17.8%）」が上位を占めており、グラウンド・ゴルフを長年楽しんでいるプレーヤーの多いことが分かる。

また、グラウンド・ゴルフを始めた動機（きっかけ）上位3つを見ると、複数回答ながら一番多く寄せられた動機（きっかけ）は「友人からの誘いがあったから（61）」、2番目の回答は「健康・体力づくりをしたかったから（48）」、3番目の回答は「友人や仲間と時間を共有したかったから（33）」であった。これらの回答から多くのグラウンド・ゴルフプレーヤーは、健康・体力づくり・運動不足解消を意識しながら、友人や仲間との時間の共有（コミュニケーション）を求めていることが分かる。グラウンド・ゴルフは子どもから高齢者まで気軽に生涯スポーツとして楽しめるように考案された意図が反映される調査結果であることをうかがわせるものである。

グラウンド・ゴルフの運動歴についての回答（複数回答）では、「ゴルフ（20）」経験者が多いことが分かる。「バレーボール（15）」、「野球（13）」、「ソフトボール（12）」などチームプレー経験者が気軽に楽しめる個人競技に転向する結果も示されている。また、初心者でもすぐにプレーができるという特徴を持つグラウンド・ゴルフであることから、アンケート調査の回答が「何もしたことがない（20）」として示されたと思われる。

また、グラウンド・ゴルフプレーヤーが現行行っているスポーツ（複数回答）を

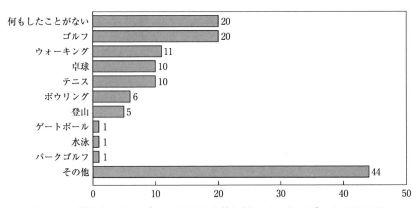

図3-4　グラウンド・ゴルフを始める前に行っていたスポーツ（複数回答）

〈その他〉
バレーボール（15）、野球（13）、ソフトボール（12）、柔道（2）、体操（2）、バドミントン（2）、サッカー、弓道、ラグビー、剣道、マラソン、相撲、アーチェリー、社交ダンス、フォークダンス、ペタンク、筋トレ、釣り

見ると、「グラウンド・ゴルフのみ (63)」の回答が最も多い結果であった。体力づくり・運動不足解消のために「ウォーキング (7)」、「ゴルフ (6)」、「登山 (6)」などを行っている。

グラウンド・ゴルフ活動頻度の結果から、プレーヤーが「週2回〜3回程度 (21.1%)」が一番多く、次に「ほぼ毎日 (20.0%)」が続いて多かった。また、「週4回〜ほぼ毎日」のプレーヤーを合計すると45.6%である。この結果からプレーヤーのほとんどが頻繁に日常生活の中で、グラウンド・ゴルフ活動を行っていることが

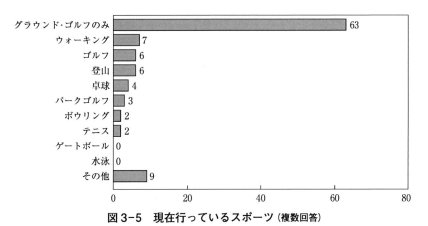

図3-5　現在行っているスポーツ (複数回答)

〈その他〉
　バレーボール (2)、ソフトボール (2)、太極拳 (2)、バドミントン、和太鼓

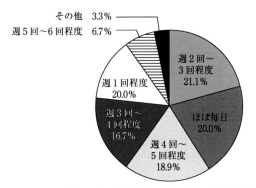

図3-6　グラウンド・ゴルフ活動の頻度

〈その他〉
　大会のみ参加 (2)、月2回程度

分かる。

　グラウンド・ゴルフは、どんな時に楽しいと思うか（3つまで選択）の回答では、「友人と一緒にプレーしている時（68）」が一番多く、続いて「ホールインワンなど、個人で設定した目標が達成された時（43）」、「グループで一緒にいる時（40）」が示された。この結果から、友人やグループで一緒にプレーする時やホールインワンなど個人で設定した目標が達成された時に楽しいと思うプレーヤーが多いことが分かる。

　大会参加経験での設問では、大会に参加したことがあるという回答が60.0％を占

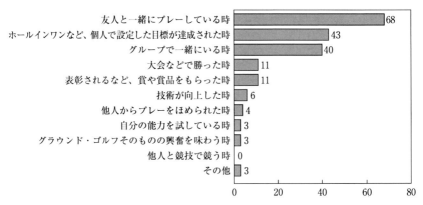

図 3-7　グラウンド・ゴルフは、どんな時に楽しいと思うか（3つまで選択）

〈その他〉
- プレーしながらおしゃべりしている時
- 成績がよかった時
- グラウンド・ゴルフの大会で旅行をしている時

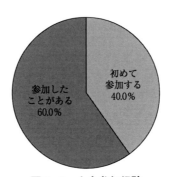

図 3-8　大会参加経験

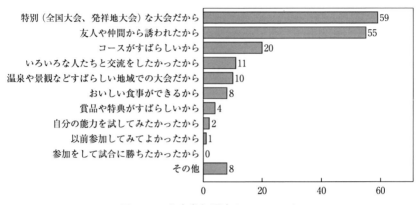

図3-9 大会参加理由(3つまで選択)

〈その他〉
- 運営が良い、裏方さんが良い、役員が親切な大会だから(4)
- 県大会で準優勝したから(3)
- グラウンド・ゴルフ協会から紹介されたから

めており、リピーターとして参加するプレーヤーが多いことが分かる。また、初めての参加プレーヤーは40.0％であった。

本大会への参加理由(3つまで選択)では、「特別(全国大会、発祥地大会など)な大会だから(59)」が一番多かった。次に、「友人や仲間から誘われたから(55)」であった。続いて「コースがすばらしいから(20)」、「いろいろな人たちと交流をしたかったから(11)」、「温泉や景観などすばらしい地域での大会だから(10)」の回答があった。この結果から、発祥地大会などの特別な大会に友人や仲間と参加し、いろいろな地域の人との交流を通して、天然芝コースで自分自身のプレーを試したい思いを知ることができる。

(3) 旅行に関する内容

旅行内容についての回答結果の中で、旅行形態では、プレーヤーの宿泊を伴う参加(90)の回答が示された。また、宿泊日数では、最高5日〜最低1日であるが、プレーヤーの平均宿泊日数2.1の結果であった。続いて、旅行の消費額では、最高15万円〜最低2万円で一人のプレーヤーの支出としては平均5万6,444円の回答であった。そして、次回大会への参加希望の回答では、参加したい(93.3％)と9割以上のプレーヤーが再参加を希望している。

表3-2　旅行形態、宿泊日数、旅行消費額

(1) 旅行形態

	回答数
日帰りでの参加	0
宿泊を伴う参加	90
計	90

(2) 宿泊日数

	宿泊日数
最高	5
最低	1
平均	2.1

(3) 旅行消費額

	金額（円）
最高	150,000
最低	20,000
平均	56,444

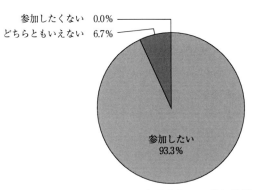

図3-10　次回大会への参加希望

〈「参加したい」と答えた人の記述〉
- 景観がよく、コースが良いから（10）
- 楽しいから（7）
- 友人に会えたり、いろんな人と交流できるから（5）
- グラウンド・ゴルフの発祥地大会だから（2）
- 元気ならばぜひ参加したい

4　まとめ

　日本グラウンド・ゴルフ協会では、2015（平成27）年3月31日現在、協会登録の会員数18万6,564名、公認指導員3万8,519名、公認コース258カ所（協会ホームページより）と紹介されている。

　グラウンド・ゴルフ競技は、特に高度な技術を必要とせず、集中力や調整力を発揮できる要素が組み合わされているニュースポーツである。老若男女を問わず初心者でも簡単に取り組める特徴があり、個人競技で比較的ルールも簡単なことと合わせ、土のグラウンドはもちろんのこと、天然芝コースでもプレーを気軽に楽しめる。

　本研究部会では、2012年6月に予備調査を行い、2013年6月にはアンケート調査を行った。さらに、2013年の調査を踏まえ、2014年6月には前年のアンケート用紙を用いたインタビュー調査を実施した。

2014年に実施したインタビュー調査の結果から、プレーヤーの居住地は23都道府県と広域にわたり、特に発祥地である鳥取県100人（前年104人）、島根県、岡山県は52人、愛知県、京都府、大阪府、兵庫県は48人となっており、大会参加構成比が高かった。性別では、男性の構成比53.3%（前年63.8%）女性の構成比46.7%（前年36.2%）で前年調査結果と比較してみると、前年ほどの大きな差異は見られなかった。

　プレーヤーの年齢構成は、59歳～86歳であった。特に、その中で構成比が高かった年齢層は、70歳～79歳（63.3%）であった。ますます日本人の平均寿命が延びる中、元気な高齢者の活躍は望ましいかぎりである。前年の調査結果と比較してみると、大きな差異は見られない。

　グラウンド・ゴルフに関する内容のアンケート結果から、プレーヤーの競技歴をみると10年以上58.9%（前年27.7%）、5年以上～10年未満18.9%（前年52.5%）を占めておりグラウンド・ゴルフを長年楽しんでいるプレーヤーが多かった。前年の調査結果と比較してみると、大きな差異は見られない。

　グラウンド・ゴルフを始めた動機（きっかけ）についての回答（3つまで選択）では、「友人からの誘いがあった（61）」、「健康・体力づくり（48）」、「友人や仲間と時間の共有（33）」、前年のアンケート調査でも、「健康・体力づくり（98）」、「友人や仲間と時間の共有（64）」、「自分にあったスポーツだから（50）」などグラウンド・ゴルフはコミュニケーションづくりのスポーツとして最適なスポーツと言える。動機については、内閣府「体育・スポーツに関する世論調査結果（平成25年度）」の運動・スポーツを行った理由結果からも同様な報告がなされている。

　グラウンド・ゴルフプレーヤーの運動歴についての回答（複数回答）では、「何もしたことがない（20）」、「ゴルフ（20）」、「バレーボール（15）」、「野球（13）」、「ソフトボール（12）」、前年のアンケート調査でも、「ゴルフ（51）」、「ウォーキング（40）」、「何もしたことがない（31）」などスポーツ経験者が多い中で、今まで何もしなかった人がグラウンド・ゴルフを選んだことは、手軽に誰でもできるスポーツであるといえる。

　また、グラウンド・ゴルフプレーヤーが現在行っているスポーツ（複数回答）を見ると、最も多いのが「グラウンド・ゴルフのみ（63）」、前年（96）、続いて「ウォーキング」、「ゴルフ」などのスポーツが多く、自分の体力にあわせてスポーツを選択している。グラウンド・ゴルフ活動頻度の結果から、グラウンド・ゴルフ

プレーヤーのほとんどが、頻繁に日常生活の中でグラウンド・ゴルフを楽しく行っている。

グラウンド・ゴルフは、どんな時に楽しいと思うか（3つまで選択）の回答では、「友人やグループで一緒にプレーする時」や「ホールインワンなど個人で設定した目標が達成された時」、「大会に勝った時」に楽しいと思うプレーヤーが多かった。

大会参加経験での設問では、大会に参加したことがあるという回答が、60.0%（前年64.5%）を占めており、リピーターとして参加するプレーヤーが多いことが分かる。また、初めての参加プレーヤーは、40.0%（前年35.5%）であった。

本大会への参加理由（3つまでの選択）では、「発祥地大会などの特別な大会(59)」、（前年123）で、「友人や仲間から誘われた(55)」、（前年38）、「いろいろな人との交流を通しながら(11)」、（前年59）、「コースが素晴らしい(20)」、（前年46）など、自分自身のプレーを最高のコースで試したい思いを知ることができる。

最後に旅行内容についての回答結果の中で、旅行形態では、プレーヤーの宿泊を伴う参加100%（前年80.9%）の回答が示された。また、宿泊日数では、最高5日〜最低1日であるが、プレーヤーの平均宿泊日数2.1（前年1.9）日の結果であった。続いて、旅行消費額では、最高15万円〜最低2万円（前年15万円〜4,000円）で、1人のプレーヤーの支出として平均5万6,444円（前年3万5,228円）の回答であった。そして、次回大会への参加希望の回答では、参加したい93.3%（前年88.7%）と約9割のプレーヤーが回答していることから、再参加を強く希望していることがうかがわれる。

また、本調査による第26回グラウンド・ゴルフ発祥地大会（2014）参加者全体の旅行消費額（推定）は、表3-3の通りである。

表3-3の通り、大会参加者の旅行消費額（宿泊費、交通費、飲食代、御土産代など）は、各都府県によって差はあるものの、一人当たり平均約5万6,444円（前年3万5,228円）の金額となっている。直接効果としての経済効果は、3,356万8,000円の消費行動があり、波及効果を含めると約6,000万円の経済効果があるものと推定される。大きなイベント（オリンピックや国際大会）と比較すれば、同大会は小規模ではあるものの、これからの日本におけるスポーツツーリズムのあり方として十分検討の余地があり、期待できるニュースポーツであると考える。

第27回グラウンド・ゴルフ発祥地大会（2015）要項で、宮脇正道大会会長（湯梨浜町長）は、「湯梨浜町では、地方創生の取り組みの一つに、グラウンド・ゴルフ

表3-3　第26回グラウンド・ゴルフ発祥地大会における経済効果 (直接効果)

都道府県	参加者数	旅行消費額(@)	金額 (円)	都道府県	参加者数	旅行消費額(@)	金額 (円)
埼玉県	28	49,000	1,372,000	岡山県	52	30,000	1,560,000
長野県	4	100,000	400,000	広島県	40	43,000	1,720,000
静岡県	16	48,000	768,000	山口県	16	45,000	720,000
愛知県	48	46,000	2,208,000	愛媛県	40	40,000	1,600,000
三重県	4	45,000	180,000	高知県	36	50,000	1,800,000
滋賀県	16	35,000	560,000	福岡県	24	87,000	2,088,000
京都府	48	32,000	1,536,000	佐賀県	12	64,000	768,000
大阪府	48	36,000	1,728,000	長崎県	28	70,000	1,960,000
兵庫県	48	30,000	1,440,000	熊本県	4	90,000	360,000
和歌山県	32	30,000	960,000	鹿児島県	40	115,000	4,600,000
鳥取県	100	10,000	1,000,000	沖縄県	32	100,000	3,200,000
島根県	52	20,000	1,040,000	合計	768		33,568,000

(注) 旅行消費額 (@) は、調査による平均金額 (推定金額を含む) で処理し、直接効果を算出した。

の国際化を掲げ、2021年ワールド・マスターズゲームズにおける世界大会の開催を目指すとともに、グラウンド・ゴルフを海外に広め、外国の多くの方々が、発祥地である〈潮風の丘とまり〉でプレーをしていただけるような環境づくりに努めることにしている」と述べている。

2014年11月3日には、湯梨浜町グラウンド・ゴルフのふる里公園「潮風の丘とまり」で湯梨浜町制施行10周年を記念して「グラウンド・ゴルフ国際交流会YURIHAMA 2014」が開催された。同交流会には、県内外から約60名の外国人(14ヵ国) が湯梨浜町協会員の指導を受けながら、初めてプレーを楽しみながら交流を深めた。

以上の調査結果が示すとおり、①グラウンド・ゴルフが手軽に個人で参加できるニュースポーツであること、②特にシニア層に高い人気があり健康志向や親睦交流ニーズにぴったりと合っていること、③組織が整い、美しい公認の天然芝のコースが整備され、全国各地で旅行 (美味しい郷土料理や観光、お土産など) を兼ね継続可能なおもてなしの行き届いた大会開催やリピーター率の高さなどがあること、④受け皿としてのグラウンド・ゴルフ活動が身近なスポーツとして親しまれ生涯スポーツ (いつでも、だれでも、だれとでも、安全に、楽しく生涯にわたって行えるスポーツ) として支持されていることなど、スポーツツーリズムとしての十分な条件を備えていると言えるものである。

第3章　生涯スポーツとしてのスポーツツーリズムの可能性を探る　　71

資料3-3　大会役員
宮脇正道氏（湯梨浜町長）［左］、河本清廣氏（鳥取県グラウンド・ゴルフ協会理事長）［右］

　そしてまた、大きなイベントと比較すれば、小規模でかつ経済効果は少額ではあるが、それでも直接効果として3,300万円以上の消費行動があることから、超高齢化社会の日本におけるスポーツツーリズムとして、期待に応えられるニュースポーツ「グラウンド・ゴルフ」であると思われる。このことは、これからのスポーツツーリズムのあり方として、生涯スポーツとしてのニュースポーツが、十分検討に値するものとして、その可能性をうかがわせるものである。

【参考文献】
- 公益財団法人　日本グラウンド・ゴルフ協会ホームページ（http://www.groundgolf.jp/）
- 「グラウンド・ゴルフだより」Vol.108、2013
- 「グラウンド・ゴルフだより」Vol.113、2015
- 「グラウンド・ゴルフだより」Vol.114、2015
- 「第25回グラウンド・ゴルフ発祥地大会要項」(2013)
- 「第26回グラウンド・ゴルフ発祥地大会要項」(2014)
- 「第27回グラウンド・ゴルフ発祥地大会要項」(2015)
- 厚生労働省『国民健康・栄養調査』(2010)
- 文部科学省「総合型地域スポーツクラブ実態調査結果概要」平成26年度
- 内閣府「体育・スポーツに関する世論調査結果概要」平成25年度
- 厚生労働省「簡易生命表」日本人の平均寿命について、2015年7月30日公表

Ⅱ　パークゴルフによるスポーツツーリズム

1　パークゴルフの軌跡

　文部省生涯スポーツ推進事業の一環として、1982年鳥取県東伯郡泊村（現在は湯梨浜町）の教育委員会が中心となって考案されたグラウンド・ゴルフ（前節）をヒントに、北海道幕別町教育委員会教育部長（当時）であった前原懿氏が、1983年に生涯スポーツとして考案した競技で、2013年には30周年を迎えたニュースポーツである。

　競技の特徴はグラウンド・ゴルフと同様で、特に高度な技術を必要とせず集中力や調整力を発揮できる要素が組み合わされているニュースポーツである。老若男女を問わず初心者でも簡単に取り組め、個人競技で比較的ルールも簡単なことと合わせ、芝のコースでプレーを気軽に楽しめることもあり、ニュースポーツとして脚光を浴びている。「朝日新聞」2012年11月5日付の記事では、競技人口は約130万人で、パークゴルフのコースは1,200カ所を超すと紹介されている。海外の会員も含め協会登録人口は約6万人で、シニア層の中でも人気の高いニュースポーツの一つである。公認コースも全国的に多数整備されており335コースある（協会ホームページより）。

　研究対象とした「NPGA杯全日本パークゴルフ大会2013（パークゴルフ発祥30周年）」は、毎年各地で行われている協会公認の事業である。2013年は千葉県にある協会公認コースで行われ、全国各地の愛好者代表プレーヤーを迎え、パークゴルフを通じた友好と親睦の輪を広げ交流を深めるために開催されるイベントである。全国からパークゴルフ愛好者703人が集まり[1]、2日間の競技と交流が展開された

資料3-4　日本パークゴルフ協会役員
左から、三井巖氏（会長）、前原懿氏（前会長）、堂前芳昭氏（常務理事）

資料 3-5　NPGA 杯全日本パークゴルフ大会 2013

30 周年の記念大会であった。

2　調査方法と調査内容

調査は、予備調査として「全日本パークゴルフ大会 2012（全国パークゴルフ交流大会 in 射水）」(2012 年 10 月 6 日～7 日) 富山県にある協会公認コースで行われた大会期間中にアンケート調査を実施した。本調査として「全日本パークゴルフ大会 2013（パークゴルフ発祥 30 周年）」(2013 年 10 月 12 日～13 日) 千葉県にある協会公認コースで行われた大会期間中にアンケート調査を実施した。

調査項目	・回答者の属性（居住地、性別、年齢） ・パークゴルフに関する内容（競技歴、始めた動機、運動歴（過去、現在）、活動頻度、楽しさ、大会参加経験、大会参加理由） ・旅行内容（旅行形態、宿泊日数、旅行消費額、再参加希望）
調 査 日	2013 年 10 月 12 日（土）～13 日（日）
調査対象	NPGA 杯全日本パークゴルフ大会 2013 チャンピオンシップ大会（開催場所：千葉県酒々井町）の参加者を対象に調査票を配布。
調査方法	大会 1 日目受付にて参加者へ A3 両面 1 枚の調査票を手渡し、大会 2 日目受付にて調査票を回収した。
配 布 数	248 票
回 収 数	176 票（有効：173 票、無効：3 票）
回 収 率	70.9%

本調査での 2013 年大会のアンケート調査は、質問票の配布数 248 票、回収数 176 票（回収率 70.9%）、そのうち有効回答数は 173 票であった。アンケート調査で行った質問票の調査項目と質問内容は以下の通り実施した。

質問票の調査項目は、基本属性に関する内容（居住地、性別、年齢、競技歴、活動状況、運動歴、パークゴルフの楽しさ）と、大会参加に関する内容（始めた動機、楽しさ、大会参加経験、大会参加理由）、大会参加における旅行に関する内容（旅行形態、宿泊日数、旅行消費額、再参加希望）である。

3 調査結果

（1）属性（居住地、性別、年齢）

調査結果からプレーヤーの居住地は19都道府県に広がり、特に地元開催地の千葉県（35.3%）および発祥地である北海道（16.2%）の構成比が高かった。性別では、男性の構成比（61.3%）から分かるように、男性プレーヤーが女性（38.7%）を上回る数であった。

プレーヤーの年齢構成は、30歳～69歳であった。特に、その中で構成比が高かった年齢層は、60歳～69歳（53.8%）であった。

表3-4 属性（居住地、性別、年齢）

（1）居住地

都道府県	回答数	構成比（％）
北海道	28	16.2
青森県	5	2.9
岩手県	5	2.9
宮城県	8	4.6
秋田県	6	3.5
山形県	2	1.2
福島県	6	3.5
茨城県	3	1.7
栃木県	8	4.6
群馬県	7	4.0
埼玉県	5	2.9
千葉県	61	35.3
東京都	3	1.7
神奈川県	3	1.7
石川県	6	3.5
静岡県	3	1.7
愛知県	4	2.3
三重県	5	2.9
熊本県	5	2.9
計	173	100.0

（2）性別

	回答数	構成比（％）
男性	106	61.3
女性	67	38.7
計	173	100.0

（3）年齢

男性	最高	81歳
	最低	30歳
	平均	68.2歳
女性	最高	76歳
	最低	44歳
	平均	64.9歳
平均		66.9歳

	回答数	構成比（％）
30歳～39歳	1	0.6
40歳～49歳	3	1.7
50歳～59歳	13	7.5
60歳～69歳	93	53.8
70歳～79歳	62	35.8
80歳以上	1	0.6
計	173	100.0

（2）パークゴルフに関する内容

　パークゴルフに関する内容のアンケート結果から、プレーヤーの競技歴をみると5年以上〜10年未満（40.4％）、10年以上（37.6％）が上位を占めており、パークゴルフを長年楽しんでいるプレーヤーの多いことが分かる。

　また、パークゴルフを始めた動機（きっかけ）上位3つをみると、複数回答ながら一番多く寄せられた動機（きっかけ）が、「健康・体力づくりをしたかったから（113）」であった。2番目の回答は、「友人や仲間と時間を共有したかったから（75）」

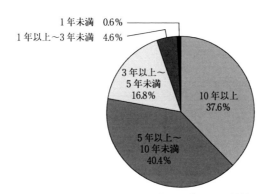

図3-11　パークゴルフの競技歴

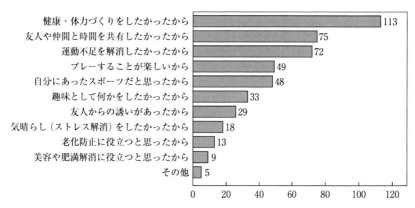

図3-12　パークゴルフを始めたきっかけ（3つまで選択）

〈その他〉
- 夫婦で共通の話題作りをしたかったから（2）
- 更年期がひどく、病気を治したかったから（1）
- コース設立とアドバイザーの依頼を受けたから（1）
- パークゴルフの取材をしてこの競技に興味をもったから（1）

であった。3番目の回答は、「運動不足を解消したかったから (72)」であった。これらの回答から多くのパークゴルフ・プレーヤーは、健康・体力づくり・運動不足解消を意識しながら友人や仲間との時間の共有（コミュニケーション）を求めていることが分かる。また続いて「プレーすることが楽しいから (49)」、「自分に合ったスポーツだと思ったから (48)」などの動機でパークゴルフを始めたプレーヤーも多いことが示された。このことは、パークゴルフが子どもから高齢者まで、気軽に生涯スポーツとして楽しめる目的で考案された意図が反映されたものといえる。

パークゴルフ・プレーヤーの運動歴についての回答（複数回答）では、「ゴルフ (79)」経験者が1番多いことが分かる。次に「グラウンド・ゴルフ (35)」、続いて「ボウリング (27)」、「ウォーキング (24)」などであった。このことから分かるように、個人競技であるスポーツ経験者にプレーヤーが多いという調査結果が示された。

また、パークゴルフ・プレーヤーが現在行っているスポーツ（複数回答）をみると、「パークゴルフのみ (102)」の回答が最も多い結果であった。次いで「ゴルフ (31)」、続いて「グラウンド・ゴルフ (21)」と、いずれもゴルフ系のスポーツが多く、自分の体力に応じたスポーツを選択し、行っていることを示している。

パークゴルフ活動頻度の結果から、プレーヤーが「週に2回～3回程度 (27.2%)」

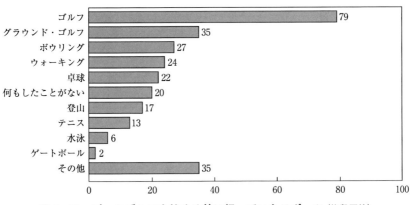

図3-13 パークゴルフを始める前に行っていたスポーツ（複数回答）

〈その他〉
バレーボール (11)、ソフトボール (8)、野球 (6)、バドミントン (5)、スキー (3)、陸上 (2)、剣道 (2)、バスケットボール、ビーチバレー、マレットゴルフ、体操、乗馬、トライアスロン、クロスカントリー、パラグライダー、モトクロス、バイク（ツーリング）、釣り

第3章 生涯スポーツとしてのスポーツツーリズムの可能性を探る

が一番多く、次に「週3回〜4回程度（24.8%）」が多かった。また、週の活動頻度が4回以上〜ほぼ毎日のプレーヤーを合計すると33.6%である。この結果から、プレーヤーのほとんどが頻繁に日常生活の中で、パークゴルフ活動を行っていることが読み取れる。

パークゴルフは、どんな時に楽しいと思うか（3つまで選択）の回答では、「友人と一緒にプレーしている時（99）」が一番多く、「大会などで勝った時（93）」が2

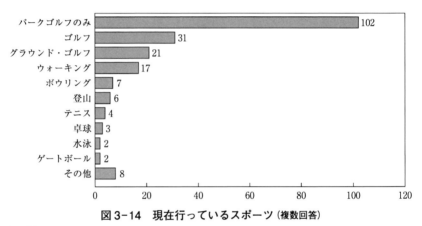

図3-14 現在行っているスポーツ（複数回答）

〈その他〉
ソフトボール、バドミントン、スキー、マレットゴルフ、バイク（ツーリング）、太極拳、ペタンク、釣り

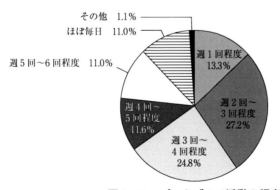

図3-15 パークゴルフ活動の頻度

〈その他〉
・月に1回程度
・月に2回程度

番目に多かった。続いて、「グループで一緒にいる時 (49)」、「技術が向上した時 (47)」が示された。この結果から、友人やグループで一緒にプレーする時や技術の向上によって大会に勝った時に、楽しいと思うプレーヤーが多いことが分かる。

大会参加経験での設問では、大会に参加したことがあるという回答が、61.3％を占めており、リピーターとして参加するプレーヤーが多いことが分かる。また、初めての参加プレーヤーは、38.7％であった。

本大会への参加理由（3つまでの選択）では、「特別（全国大会、発祥地大会など）な大会だから (93)」が一番多かった。次に、「いろいろな人たちと交流をしたかったから (85)」であった。続いて、「自分の能力を試してみたかったから (61)」、「友人や仲間から誘われたから (55)」の回答があった。この結果から、本大会は、全

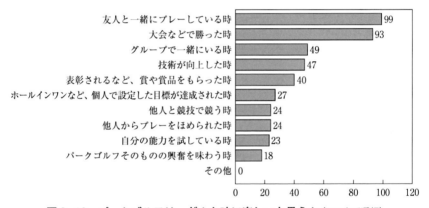

図 3-16　パークゴルフは、どんな時に楽しいと思うか（3つまで選択）

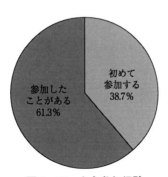

図 3-17　大会参加経験

第 3 章　生涯スポーツとしてのスポーツツーリズムの可能性を探る

国大会などの特別な大会であり、友人や仲間との交流を通しながら自分自身のプレーを試したいという気持ちを読み取ることができる。

(3) 旅行に関する内容

旅行内容についての回答結果の中で、旅行形態では、プレーヤーの「宿泊を伴う参加 (64.2%)」の回答が示された。また、宿泊日数では、最高 40 日～最低 1 日であるが、プレーヤーの平均宿泊日数 3.1 日の結果であった。続いて、旅行消費額では、最高 19 万円～最低 7,000 円で、1 人のプレーヤーの支出として平均 5 万 4,815 円の回答であった。そして、次回大会への参加希望の回答では、「参加したい (67%)」と約 7 割のプレーヤーが回答しており、人気の高さを読み取ることができる。

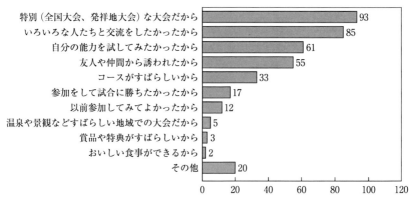

図 3-18　大会参加理由 (3つまで選択)

〈その他〉
- 地区予選大会、県予選大会で代表となったから (8)
- 地区・県協会から推薦されたから (5)
- 加入しているクラブからすすめられたから (2)
- 次大会 (熊本県) の視察を兼ねて参加したかったから (2)
- 取材をしたかったから
- 他に出場する人がいなかったから
- 大会役員だから

表 3-5　旅行形態、宿泊日数、旅行消費額

(1) 旅行形態

	回答数
日帰りでの参加	62
宿泊を伴う参加	111
計	173

(2) 宿泊日数

	宿泊日数
最高	40
最低	1
平均	3.1

(3) 旅行消費額

	金額 (円)
最高	190,000
最低	7,000
平均	54,815

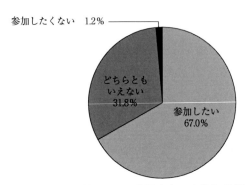

図3-19 次回大会への参加希望

4 まとめ

　パークゴルフ競技の特徴は、グラウンド・ゴルフと同様で、特に高度な技術を必要とせず集中力や調整力を発揮できる要素が組み合わされているニュースポーツである。老若男女を問わず初心者でも簡単に取り組め、個人競技で比較的ルールも簡単なことと合わせ、芝のコースでプレーを気軽に楽しむことができる。「朝日新聞」2012年11月5日付の記事では、競技人口は約130万人、パークゴルフのコースは、1,200ヵ所を超すと紹介されている。海外の会員も含め協会登録人口は約6万人、シニア層の中でも人気の高いニュースポーツの一つである。公認コースも全国的に多数整備されており、335コースである（協会ホームページより）。

　予備調査（2012）と同様な傾向を示した本調査（2013）結果から、プレーヤーの居住地は全国19都道府県に広がり、特に地元開催地の千葉県（35.3%）および発祥地である北海道（16.2%）の大会参加構成比が高かった。性別では、男性の構成比（61.3%）から分かるように、男性プレーヤーが女性（38.7%）を上回る数であった。

　プレーヤーの年齢構成は、30歳〜69歳であった。特に、その中でも構成比が高かった年齢層は、60歳〜69歳（53.8%）であった。

　パークゴルフに関する内容のアンケート結果から、プレーヤーの競技歴をみると「5年以上〜10年未満（40.4%）」、「10年以上（37.6%）」を占めており、パークゴルフを長年楽しんでいるプレーヤーが多かった。

　また、パークゴルフを始めた動機（きっかけ）上位3つから、パークゴルフが子どもから高齢者まで、気軽に生涯スポーツとして楽しめる目的で考案された意図

が、反映される調査結果から読み取れる。

パークゴルフ・プレーヤーの運動歴についての回答（複数回答）では、個人競技であるスポーツ経験者に、パークゴルフ・プレーヤーが多かった。

また、パークゴルフ・プレーヤーが現在行っているスポーツ（複数回答）をみると、ゴルフ系のスポーツが多く、自分の体力に応じたスポーツを選択している。

パークゴルフ活動頻度の結果から、プレーヤーのほとんどが頻繁に日常生活の中でパークゴルフ活動を行っている。

パークゴルフは、どんな時に楽しいと思うか（3つまで選択）の回答では、友人やグループで一緒にプレーする時であったり、技術の向上によって大会に勝った時に楽しいと思うプレーヤーが多かった。

大会参加経験の設問では、大会に参加したことがある回答数が、61.3％を占めており、リピーターとして参加するプレーヤーが多い。また、初めての参加プレーヤーは、38.7％であった。

本大会への参加理由（3つまでの選択）では、全国大会などの特別な大会で、友人や仲間と参加し交流を通しながら、自分自身のプレーを楽しみながら試したいという思いが読み取れる。

そして、旅行内容における回答結果の旅行形態では、プレーヤーの宿泊を伴う参加が64.2％であった。また、宿泊日数では、最高40日〜最低1日という大きな差があるが、プレーヤーの平均的宿泊日数は3.1日であった。続いて、旅行消費額では、最高19万円〜最低7,000円であったが、1人のプレーヤーの支出としては、平均5万4,815円の回答であった。さらに、次回大会への参加希望の回答では、参加したいが67％と約7割のプレーヤーが再参加を強く希望している。このことから、この大会に寄せるプレーヤーの期待が大変大きいことが分かる。

同大会参加者の旅行消費額（宿泊費、交通費、飲食代、御土産代など）は、各都県によって差はあるものの、一人当たり平均約5万5,000円の額となっていることから、全体として約2,300万円（直接効果）の経済効果があったと推測できる。大きなスポーツイベントと比較すれば同大会は小規模なイベントではあるが、これからの日本におけるスポーツツーリズムのあり方として十分検討の余地があり、期待できるニュースポーツ「パークゴルフ」であると考えることができる。

以上の調査結果から、①パークゴルフが個人でも手軽に参加できるニュースポーツであること、②特にシニア層のニーズ（健康づくり、親睦交流）などにぴっ

たりとあった条件が備わっていること、③協会活動が組織化され、スムーズな運営が行われていること、④公認コースが多数整備されていること、⑤旅行を兼ね楽しく想い出に残るおもてなしの大会開催が行われ、リピーター率が高いこと、⑥パークゴルフが身近な生涯スポーツとして親しまれ支持されていることなど、スポーツツーリズムとして成り立つ十分な条件を備えていると思われる。そしてまた、経済効果は大きなイベントと比較すれば少額であるが、それでも直接効果として2,000万円〜3,000万円の経済効果を期待でき、波及効果を含めれば5,000万円程度の期待ができる。これからの日本におけるスポーツツーリズムの一つとして、期待に応えるニュースポーツ「パークゴルフ」であると思われる。このことは、超高齢化社会のスポーツツーリズムのあり方に一石を投じるもので、身近なニュースポーツの活用が、スポーツツーリズムの新しい視点として十分検討に値するものであり、その可能性をうかがわせるものである。

【注】
(1) NPGA杯全日本パークゴルフ大会2013（千葉県）は、チャンピオンシップ大会（団体の部・個人の部）のほかに、交流大会（個人の部・ペアの部）を合わせて、703人の参加者があった。

【参考文献】
- 北海道開発協会『開発こうほう』2006年9月号「マルシェノルド——地域事例#02」
- 公益社団法人日本パークゴルフ協会（2012）「NPGA北海道知事杯第26回パークゴルフ国際大会」
- 公益社団法人日本パークゴルフ協会（2012）「NPGA NEWS9」
- 公益社団法人日本パークゴルフ協会（2012）「NPGA NEWS10」
- 公益社団法人日本パークゴルフ協会（2012）「NPGA杯全日本パークゴルフ大会2012（全国パークゴルフ交流大会in射水）」
- 公益社団法人日本パークゴルフ協会（2013）「NPGA杯全日本パークゴルフ大会2013（パークゴルフ発祥30周年）」
- 公益社団法人日本パークゴルフ協会（2014）「統計でみるパークゴルフの普及状況」
- （株）日本政策投資銀行地域企画部（2014）「アジアから見たスポーツツーリズムの可能性——アジア8地域・訪日外国人旅行者の意向調査より」
- 観光庁『観光立国推進基本計画』（平成24年3月30日閣議決定）
- スポーツ・ツーリズム推進機構連絡会議「スポーツツーリズム推進基本方針——スポー

ツで旅を楽しむ国・ニッポン」(平成23年6月14日)
• 宮本勝浩（2012）『「経済効果」ってなんだろう？』中央経済社

Ⅲ　卓球によるスポーツツーリズム
1　ラージボール卓球を活用したスポーツツーリズムへの取り組み

　歴史ある卓球競技は、勝敗を競う競技スポーツとして行われているが、手軽に簡単に行うことができる身近な生涯スポーツとして、また、レクリエーショナル・スポーツとしても楽しまれている。特に最近では、日本卓球協会が1988年に卓球の普及を目的にラージボール卓球を考案し、ルール、用具の規格等を制定した。第1回全国健康福祉祭開催から卓球で使用する球のサイズがラージボール（40mm）となり、スピードが緩やかになるよう工夫がなされ、シニア層でも十分スピードに対応できて、楽しめるようになったことで、シニア世代を中心に愛好者が増えている。

　さて、その人気にあやかって、全国各地で行われている卓球を活用したスポーツツーリズムとして、観光庁の支援を受け、全国各地でラージボール卓球大会が行われている。例えば、静岡県の熱海市では、2011年11月に「第1回熱海国際観光温泉卓球大会」がラージボール卓球を使用しスポーツと観光を通じて親睦・交流・健康増進を目的に開催された。2011年11月には、山梨県甲府市湯村温泉（信玄公隠し湯）を中心に「全国オープン温泉卓球関東シリーズ2011湯村温泉卓球大会」が行われた。

　北海道の真狩村では、2012年1月に「第1回全日本スリッパ卓球選手権大会～第6回まっかり温泉スリッパ卓球大会」が開催された。四国・松山市の道後温泉では、坊ちゃんカップ「三千年の湯に遊び、卓球で頂点を目指せ、第5回道後温泉卓球大会」が2012年2月に開催され425名の参加があった。2012年3月には、「第1回信州諏訪湖卓球大会」が開催された。この大会は、観光庁のモニターツアー（温泉卓球「ラージボール卓球」合宿）に選ばれたもので、一人当たり3万数千円程度の助成を受けて行われた。山口県にある湯田温泉では、JAやまぐちが支援し、卓球日本代表の石川佳純選手を招き、「第1回湯田温泉スリッパ卓球大会」を2012年4月に開催した。2012年11月には、広島県庄原市庄原さくら温泉（かんぽの郷庄原）地を中心に、「全国オープン温泉卓球中国シリーズ2012　庄原さくら温

資料3-6　下呂温泉いで湯卓球大会会場（下呂交流会館）

資料3-7　下呂温泉いで湯卓球大会関係者
左から、伊東祐氏（益田信用組合理事長）、野村誠氏（下呂市長）、石川幸生氏（愛知東邦大学教授）、青木葵（元愛知東邦大学教授）、長谷川藤三氏（下呂市教育委員会教育長）

泉ラージボール卓球大会」が開催されている。

　さて、ラージボール卓球大会における研究調査対象は、岐阜県下呂市にある日本三大名泉に数えられる下呂温泉を中心地に開催された「第5回下呂温泉いで湯卓球大会」（2012年4月21日～23日）と「第6回下呂温泉いで湯卓球大会」（2013年4月13日～15日）である。第5回大会を予備調査、第6回大会を本調査として実施した。この大会は、豊かな自然とホスピタリティーあふれる街・下呂温泉で、心からのおもてなしでプレーヤーを迎え、皆でいで湯につかり心身のリフレッシュとラージボール卓球を楽しみながら親睦を図ることを目的に開催される大会である。地元の魅力ある特産品（お米、飛騨牛）などを用意して、参加者の意欲を高める工夫をこらした地域一体型の取り組みで、行政と民間が綿密な連携を取り地域の特徴を取り込みながら行われている特色ある大会である。特に、大会運営の中心的な役

割を果たしている益田信用組合など多団体の支援体制が整い、毎年盛大に行われている。第6回大会は520名のプレーヤーが集まり、3日間にわたる楽しい競技と親睦の輪が広がる特別なイベントとなっており、スポーツツーリズムとしての成功事例と思われる。

2 調査方法と調査内容

調査は、予備調査として「第5回下呂温泉いで湯卓球大会」(2012年4月21日～23日) 岐阜県下呂市にある下呂交流会館で行われた大会期間中にアンケート調査を実施した。また、本調査として下呂交流会館で行われた「第6回下呂温泉いで湯卓球大会」(2013年4月13日～15日) 大会期間中にアンケート調査を実施した。

調査項目	・回答者の属性（居住地、性別、年齢） ・卓球に関する内容（競技歴、始めた動機、運動歴〔過去、現在〕、活動頻度、楽しさ、大会参加経験、大会参加理由） ・旅行内容（旅行形態、宿泊日数、旅行消費額、再参加希望）
調 査 日	2013年4月13日 (土) ～4月15日 (月)
調査対象	第6回下呂温泉いで湯卓球大会（開催場所：岐阜県下呂市）の参加者を対象に調査票を配布。
調査方法	大会1日目受付にて参加者へA3両面1枚の調査票を手渡し、大会期間中に受付にて調査票を回収した。
配 布 数	520票
回 収 数	124票（有効：122票、無効：2票）
回 収 率	23.8%

本調査での「第6回下呂温泉いで湯卓球大会」のアンケート調査は、質問票の配布数520票、回収数124票（回収率23.8%）、そのうち有効回答数は122票であった。アンケート調査で行った質問票の調査項目と質問内容は、以下のとおり実施した。

質問票の調査項目は、基本属性に関する内容（居住地、性別、年齢、競技歴、活動状況、運動歴、卓球の楽しさ）と、大会参加に関する内容（始めた動機、楽しさ、大会参加経験、大会参加理由）、大会参加における旅行に関する内容（旅行形態、宿泊日数、旅行消費額、再参加希望）である。

3 調査結果

(1) 属性（居住地、性別、年齢）

プレーヤーの参加総数は、520名であり14都道府県より参加があった。特に隣県である愛知県の参加者が多くみられ、構成比では42.3%を占める。また、開催地の岐阜県と合わせると71.5%となっている。

性別における回答数の構成比では、女性が55.7%であり、男性の44.3%に比べ多かった。

年齢の平均値は、67.2歳であった。その内訳は表3-6 (3) のとおりであるが、男性の最高齢者83歳と最低年齢者の39歳と比べると、年齢差が44歳あった。女性についても最高齢者81歳、最低年齢者46歳とその年齢差は大きいが、男性よりも参加者の年齢差は女性の方が35歳とすこし少なかった。また、参加プレーヤーの年齢層区分の中では、60歳～69歳が一番多く38.5%、次いで70歳～79歳

表3-6 属性（居住地、性別、年齢）

(1) 居住地

都道府県	回答数	参加者数
福島県	4	23
東京都	10	13
神奈川県	1	11
富山県	0	26
石川県	0	5
福井県	0	9
長野県	1	4
岐阜県	29	152
静岡県	5	26
愛知県	55	220
三重県	5	16
京都府	2	2
山口県	9	11
徳島県	1	2
計	122	520

(2) 性別

	回答数	構成比（%）
男性	54	44.3
女性	68	55.7
計	122	100.0

(3) 年齢

男性	最高	83歳
	最低	39歳
	平均	68.4歳
女性	最高	81歳
	最低	46歳
	平均	66.3歳
平均		67.2歳

	回答数	構成比（%）
30歳～39歳	1	0.8
40歳～49歳	4	3.3
50歳～59歳	18	14.8
60歳～69歳	47	38.5
70歳～79歳	43	35.2
80歳以上	9	7.4
計	122	100.0

が多く35.2%あった。この2区分の合計で、全体の参加者の73.7%を占めている。

(2) 卓球に関する内容

卓球の競技歴をみると、5年以上～10年未満の構成比が16.4%、そして10年以

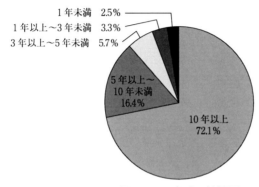

図3-20　卓球の競技歴

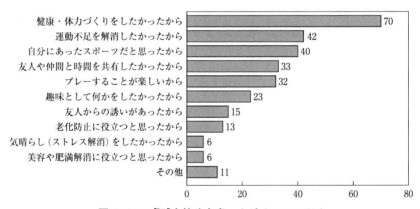

図3-21　卓球を始めたきっかけ (3つまで選択)

〈その他〉
- 学校のクラブ活動。(3)
- おもしろそうだから。
- 天候 (雨) に関係ないスポーツをしたかったから。
- 子どもが学校で卓球クラブに入ったから。
- 仕事でスポーツを指導するため。
- 市の卓球教室に参加したから。
- 姉がやっていたから。
- 3.11東日本大震災の時、益田信用組合さんに助けていただいたから。
- 硬式卓球に参考になるから。

上72.1%である。競技歴5年以上のベテランが全体の88.5%を占めている。

　卓球を始めた動機（きっかけ）について一番多かった回答は、「健康・体力づくりをしたかったから（70）」、次いで「運動不足を解消したかったから（42）」、そして「自分にあったスポーツだと思ったから（40）」が上位を占めており、今回調査対象とした生涯スポーツとしてのニュースポーツ「グラウンド・ゴルフ」、「パークゴルフ」と同様な結果が示された。

　卓球を始める前に行っていた運動歴では、「何もしたことがない（43）」と回答した人が一番多かった。次に「ウォーキング（27）」、続いて「ゴルフ（23）」の順であった。この結果は、スポーツを何もしてこなかった人が、卓球の特徴である身近で手軽に行える自分に合った生涯スポーツとして、取り組みやすさを感じるものであることをうかがわせるものである。

　現在行っているスポーツとして最も多く回答した人は、「卓球のみ（77）」、次いで「ウォーキング（30）」が示された。参加者の圧倒的に多くが「卓球のみ」を行っているということが分かる。

　卓球活動の頻度が一番多かった回答は、「週2回～3回程度」が構成比41.0%であった。「週3回～4回程度」から「ほぼ毎日」の合計回答数の構成比は、48.4%であった。この結果から、参加プレーヤーの多くの人が日常活動としての卓球を行っていることが読み取れる。

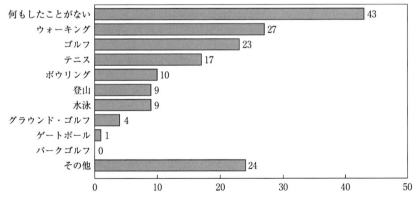

図3-22　卓球を始める前に行っていたスポーツ（複数回答）

〈その他〉
　ソフトボール（11）、バレーボール（4）、陸上競技（2）、野球（2）、ダンス（2）、バドミントン、ソフトバレー、ボート、ジョギング、スキー

第3章　生涯スポーツとしてのスポーツツーリズムの可能性を探る　　89

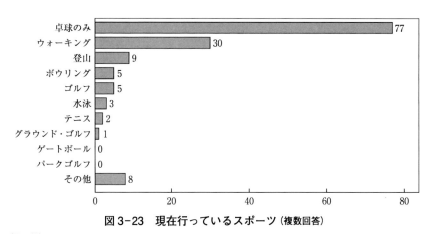

図3-23　現在行っているスポーツ（複数回答）

〈その他〉
ダンス（2）、ソフトバレー（2）、ソフトボール、スキー、マレットゴルフ、スポーツ吹矢

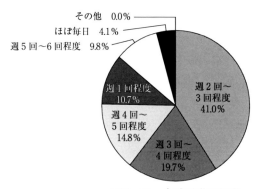

図3-24　卓球活動の頻度

　卓球は、どんな時に楽しいと思うかの回答結果では、最も多かったのが「友人と一緒にプレーしている時（65）」であり、次いで「大会などで勝った時（62）」であった。そして「技術が向上した時（51）」となっている。この結果は、友人と一緒にプレーを楽しみながら良い成績を得た時が、卓球の楽しみであることがわかる。
　大会参加の有無回答数は、図3-26のとおりである。「参加したことがある」との回答数の構成比率が67.2%を占め、リピーター率の高さがうかがわれる。
　大会への参加理由の一番多かった回答は、「温泉や景観などすばらしい地域での

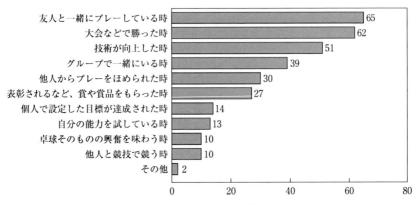

図 3-25　卓球は、どんな時に楽しいと思うか (3つまで選択)

〈その他〉
- 汗をかいた時。
- 全国大会などに行って久しぶりに友達と会った時。

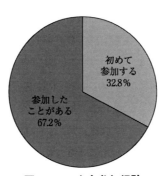

図 3-26　大会参加経験

大会だから (77)」、次いで「友人や仲間から誘われたから (49)」、そして「いろいろな人たちと交流をしたかったから (49)」と続いている結果となった。この結果から、参加プレーヤーの参加理由としては、温泉があり素晴らしい景観の地で友人や仲間など参加した人たちと卓球を通じて交流をしたいということがわかる。

(3) 旅行に関する内容

旅行形態の結果をみると、宿泊を伴う参加回答数が 107 あり、構成比 87.7％ を占めている。この結果から旅行形態は、多数の参加者が宿泊を伴う参加であること

第3章　生涯スポーツとしてのスポーツツーリズムの可能性を探る　　　91

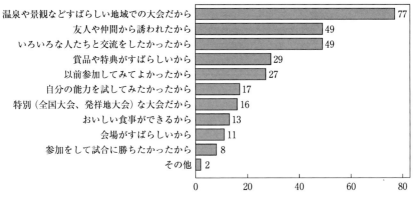

図3-27　大会参加理由（3つまで選択）

〈その他〉
- 下呂温泉に行きたかったから。
- 大会案内を見たから。

表3-7　旅行形態、宿泊日数、旅行消費額

(1) 旅行形態

	回答数
日帰りでの参加	15
宿泊を伴う参加	107
計	122

(2) 宿泊日数

	宿泊日数
最高	10
最低	1
平均	2.0

(3) 旅行消費額

	金額（円）
最高	400,000
最低	3,000
平均	37,768

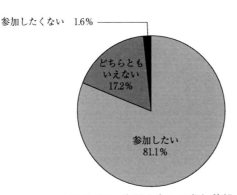

図3-28　次回大会への参加希望

がわかる。

　宿泊日数では、平均2.0泊であるが、その中にあって最高10泊する参加者もいることは、驚きである。

　旅行消費額については、表3-7（3）の通り最高額40万円であり平均額が3万7,768円であった。お値打ち感のある身近な消費額である。

　再参加希望に対する回答数が、「参加したい（99）」であり、構成比81.1％で大変高い結果となっている。この結果は、本大会が大変魅力あるイベントであることを証明するものと考えられる。

4　まとめ

　大会参加者の旅行消費額（宿泊費、交通費、飲食代、お土産代など）は、各都道府県によって差はあるものの、一人当たり平均約3万8,000円の旅行消費額となっている。全体の旅行消費額としては、約1,800万円（直接効果）であるが、波及効果を含めると約3,500万円の経済効果があったと推測できる。大きなスポーツイベントと比較すれば同大会は小規模なイベントであるが、これからの日本におけるスポーツツーリズムのあり方として十分検討の余地があり、期待できるニュースポーツ「ラージボール卓球」であるということができる。

　以上の調査結果から、①いで湯卓球（ラージボール卓球）が手軽に個人で参加できるニュースポーツであること、②特にシニア層に高い人気があり健康志向や親睦交流ニーズにぴったりと合っていること、③組織が整い、快適な施設が整備され、旅行（三大名泉地、郷土料理や観光、お土産など）を兼ね継続可能なおもてなしの行き届いた大会が行われ、リピーター率の高さ等があること、④受け皿としてのラージボール卓球の活動が身近なスポーツとして親しまれ、生涯スポーツ（いつでも、だれでも、だれとでも、安全に生涯にわたって行える）として支持されていることなど、スポーツツーリズムとして継続可能な条件を備えている。

　そしてまた、大きなイベントと比べれば、小規模でかつ経済効果は少額ではあるが、それでも直接効果として約1,800万円程度の経済効果があることから、超高齢化社会の日本におけるスポーツツーリズムとしての期待に応えられるニュースポーツ「ラージボール卓球」であると思われる。このことは、少子超高齢社会の日本において、これからのスポーツツーリズムのあり方について、十分検討に値する価値あるものとして、その可能性をうかがわせるものである。

【参考文献】
- （株）日本政策投資銀行地域企画部（2014）「アジアから見たスポーツツーリズムの可能性——アジア8地域・訪日外国人旅行者の意向調査より」
- 観光庁平成24年『観光立国推進基本計画』
- スポーツ・ツーリズム推進機構連絡会議「スポーツツーリズム推進基本方針——スポーツで旅を楽しむ国・ニッポン」（平成23年6月14日）
- 宮本勝浩（2012）『「経済効果」ってなんだろう？』中央経済社
- http://ja.wikipedia.org/wiki/卓球

Ⅳ　少子超高齢社会における生涯スポーツ社会実現への取り組み
——スポーツツーリズムの可能性について考える

　本章の各事例は、わが国における新しい視点に立ったスポーツツーリズムの取り組みについて考察する時、身近で日常的に行われている生涯スポーツとしてのニュースポーツの持っている特徴を考慮に入れ、国内観光の視点から調査を試みたものである。したがって、一過性のイベントで終わることなく、日常的に行えて気軽に楽しみの持てる継続可能なイベントとして、ニュースポーツを生涯スポーツとして享受し謳歌できる新しいスポーツツーリズムの可能性を探るものである。特に、参加者にとって身近で親しみのもてるニュースポーツが、安全で手軽にできる生涯スポーツとして、これからの少子超高齢社会では特に必要なスポーツ要素を包含していると考えるからである。

　ニュースポーツは、スポーツツーリズムの必要不可欠な要素である継続可能な要素を持ち、リピーター率も高く、楽しみとしての消費行動が行われる諸条件を備えていると考えることができる。つまり、少子超高齢社会の状況の中では、特に安全性が高く手軽に参加できるスポーツであることが求められるからである。そして、何といっても旅とスポーツを十分楽しめる条件を備え持っているものでなければならないからである。幸い、我が国ではニュースポーツが多数考案され、その種類は『ニュースポーツ用語事典』（野々宮徹）には、約1,000種目が掲載されている。いつでも、どこでも、だれとでも、安全に、生涯にわたって楽しく行うことのできる条件を備えたニュースポーツが現在多数存在している。世代を超えて楽しむことができるニュースポーツは、新しいツールとして、これからのスポーツツーリズムを

思考するうえで大変魅力的なものであり、その可能性を十分感じさせ、期待できるものであると考える。今回の調査対象とした、生涯スポーツとしてのニュースポーツ三種目「グラウンド・ゴルフ」、「パークゴルフ」、「ラージボール卓球」については、これからのスポーツツーリズムの新しい道筋を示した成功事例と言えるものである。

今回調査対象以外のニュースポーツの中にも、スポーツツーリズムとして十分期待できる魅力あるものが多数あり、次の調査対象として取り組む必要性を痛感する。我が国におけるスポーツツーリズムの新しい視座として、持続可能で特に受け入れる準備としても、多額なお金や施設を用意することなく、比較的取り組みやすい特徴があり、参加者も身近で親しみのあるスポーツツーリズムとして容易に参加できるものであるからである。

今までのスポーツツーリズムについての視点は、大掛かりなインバウンドを中心として議論される傾向があったが、これからは少子超高齢社会にある我が国の状況を考えた場合、国内観光の視点から、生涯スポーツとして行われているニュースポーツについても目を向ける必要がある。また、ニュースポーツは地域で取り組む場合でも、ツールとして取り組みやすく、持続可能で日常的なスポーツツーリズムが実現できる可能性を秘めている。新しいスポーツツーリズムの可能性について思考する時、いつでも、だれでも、だれとでも、安全に楽しく行える条件は不可欠で重要ある。そのような条件を十分備えているニュースポーツに大いなる期待を寄せるものである。

【参考文献】
- 野々宮徹（2000）『ニュースポーツ用語辞典』遊戯社
- 石川幸生（2010）『生涯スポーツとしてのニュースポーツクロリティーの研究』唯学書房
- 愛知東邦大学地域創造研究所編（2009）『ニュースポーツの面白さと楽しみへのチャレンジ——スポーツ輪投げ「クロリティー」による地域活動に関する研究』唯学書房
- 愛知東邦大学地域創造研究所編（2012）『超高齢社会における認知症予防と運動習慣への挑戦——高齢者を対象としたクロリティー活動の効果に関する研究』唯学書房
- 石川幸生・杉谷正次編（2012）『現代スポーツビジネス』三恵社

第4章　スポーツツーリズムとヘルスツーリズム

I　ヘルスツーリズムの歴史

　洋の東西を問わず、古くから健康回復・増進を目的とした旅行は存在しており、一般に旅行が禁じられていた時代背景において、健康回復・増進は「旅行したい」という本音を隠すための建前としての役割を果たしてきた[1]。欧米では、17世紀以降の近代医学の発展とともに、ギリシア・ローマ時代に定着した休養・保養文化が復活し、温泉や海浜に治療や保養を目的とする上流階級の人々が訪れるようになったことが、現代のリゾートの原型となっている[1][2]。その代表的な例は、ドイツのバーデン・バーデン、イギリスのバースやブライトンなどである。

　日本では、健康回復・増進を目的とした旅行は温泉との関わりが深い。古くから温泉の効能による湯治が行われており、江戸中期頃には湯治は大衆化するほど盛んに行われていた。一般庶民は、農閑期に温泉地を3廻りあるいは4廻り（1廻りが7日間）の長期滞在をしながら農作業の疲れを取り、あるいは傷や病を癒すなどの湯治が行われ、このような休養目的の温泉利用は現代の観光形態につながっている[1][2]。また、日本古来の湯治は、ヘルスツーリズムの伝統的な形態と考えられ、温泉入浴の効果を中心とした療養型のツーリズムといえる。しかし、交通・通信の発達や経済構造の変化とともに、西洋医学が中心となり古い時代の湯治医療としての重要性が相対的に低下したことで長期滞在型の湯治は衰退していった[3]。現在では、長期滞在型の多目的な湯治ではなく、短期の温泉入浴という形態が主である。

　このように欧米や日本において、保養や健康回復を目的とした予防医療あるいは代替医療を用いた旅行がヘルスツーリズムの起源であると考えられる。

II ヘルスツーリズムの定義

「ヘルスツーリズム」という言葉は、世界観光機関（United Nations-World Tourism Organization、以下 UNWTO）の前身である公的旅行機関国際連盟（International Union of Official Travel Organization、以下 IUOTO）が 1973 年に報告書の中で用いたのが始まりである [1] [2] [4] [5]。この報告書では、ドイツやイタリアの社会保険適用による温泉保養地における温泉利用状況についてまとめられ、ヘルスツーリズムは「自然資源、特に温泉、気候などを活用した健康施設の提供」であると記されていた。このようにヨーロッパでは、1970 年代に健康観の変化と医療保険制度の変革により、マスツーリズムからの脱却を模索する観光業界と結びつき、オルタナティブツーリズムとして捉えられた経緯がある [4]。一方、日本では、ヘルスツーリズムが現実の観光形態として認識されるようになったのは 2000 年代に入ってからであり、ヨーロッパにおける経緯とは異なる。日本のヘルスツーリズムは、バブル経済崩壊前後の生活価値観の変化や大規模リゾート政策の失敗を教訓として、低迷する観光需要を開拓するために、地元主導の観光地づくりやニューツーリズムの一環として認識されるようになった [4]。

日本において、ヘルスツーリズムの定義は必ずしも明確ではなく、日本ヘルスツーリズム振興機構や日本観光協会などの機関や研究者の間で提唱されている定義はそれぞれ異なる。観光事業の視点や観光者行動の視点からそれぞれ定義されているが、いずれの視点もヘルスツーリズムを「日常生活（圏）を一時的に離れて行う健康と関わるレクリエーション活動」であると説明している [6]。一方、国土交通省の観光立国推進基本計画によると [7]、ヘルスツーリズムを「自然豊かな地域を訪れ、そこにある自然、温泉や身体に優しい料理を味わい、心身ともに癒され、健康を回復・増進・保持する新しい観光形態であり、医療に近いものからレジャーに近いものまで様々なものが含まれる」と説明している。また、日本ヘルスツーリズム振興機構では、「ヘルスツーリズムは健康・未病・病気の方、また老人・成人から子供まですべての人々に対し、科学的根拠に基づく健康増進（EBH：Evidence Based Health）を理念に、旅をきっかけに健康増進・維持・回復・疾病予防に寄与するもの」と定義している [8]。さらに、社団法人日本観光協会は、「ヘルスツーリズムは自己の自由裁量時間の中で、日常生活圏を離れて主として特定地域に滞在し、医科学的な根拠に基づく健康回復・維持・増進につながり、かつ、楽しみの要

素がある非日常的な体験、あるいは異日常的な体験を行い、必ず居住地に帰ってくる活動である」と定義している[9]。このようにヘルスツーリズムの定義は多岐にわたるが、ヘルスツーリズムとは、観光の副産物として健康が付随する旅行ではなく、健康になるためにそれぞれのニーズに合わせた形態やプログラムが用意されている観光旅行であると考えられる。

Ⅲ　ヘルスツーリズムの類似概念の違い

　ヘルスツーリズムの類似概念として、メディカルツーリズム（Medical Tourism）とウェルネスツーリズム（Wellness Tourism）がある。メディカルツーリズムは、居住地周辺にある医療機関よりも低廉な料金で人間ドック、美容整形、視力矯正手術などの医療サービスを受けるために、観光を兼ねて海外を含む遠隔地の医療機関へ行くことをいう[9]。最近では、医療技術の高さに加えて、英語を用いることが可能なインドをはじめ、シンガポールやタイなどの東南アジア諸国など、28 カ国以上が海外からのメディカルツーリストの受け入れに応じており、毎年 100 万人以上の患者がこれを享受している[10]。このようにメディカルツーリズムは、医療との関わりが強調され、予防や健康増進の考え方は希薄である。しかしながら、ヘルスツーリズムは慢性期医療から、健康増進やレジャーの領域まで含み、楽しみの要素がある点において、メディカルツーリズムよりも広範な概念であると考えられる。

　一方、ウェルネスツーリズムについて、ヘルスツーリズムと同様に日本では確固たる概念や定義があるわけではない。ウェルネスツーリズムは、「単に疾病を予防するだけではなく、生きがいや生活の質の向上、ヘルスプロモーションを積極的に図っていくことを目的にしている」というように、ヘルスプロモーション（健康増進）に力点が置かれている[9]。しかし、ヘルスツーリズムは、疾病予防や健康増進に加えて、療養や手術などの治療行為も含む概念であるので、欧米では、ヘルスツーリズムはウェルネスツーリズムを包括した上位概念であると考えられている。

Ⅳ　ヘルスツーリズムの形態

　ヘルスツーリズムの具体的な領域としては、姜[1]は医療とレジャーという軸を

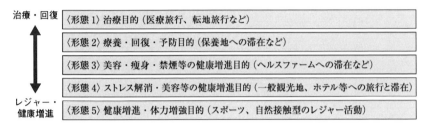

図4-1 ヘルスツーリズムの諸形態

(出所) 姜 (2003) より引用

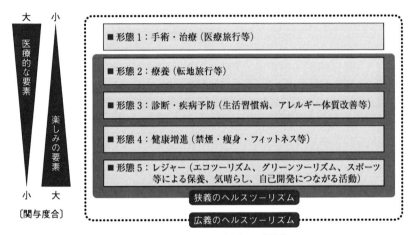

図4-2 ヘルスツーリズムの領域

(注) 図中の「医療的な要素」および「楽しみの要素」で示した関与度合は、相対的な概念を示したものであり、定量的なものではない
(出所) 姜 (2003) を参考に作成

基準として5つに分類した（図4-1）。この分類では、形態1に近いほど治療あるいは医学との関わりが強く、形態5に近いほどレジャーや健康増進との関わりが大きいことを示している。つまり、ヘルスツーリズムは、治療から健康増進という幅広い健康的要素と楽しみというレジャー的要素を同時に含んでいる。それ故、ヘルスツーリズムは、医療とレジャーという連続体の上で図4-1に示す広義の多様な形態を含んでいる[1]。

その後、姜の提唱[1]を元に、社団法人日本観光協会[9] は、日本のヘルスツーリズムの実態調査を通して対象領域の改変をし、新たな形態を提唱した（図4-2）。2つの提唱の異なる点は、形態2から形態5がより明確に分類されたことである。ま

第4章 スポーツツーリズムとヘルスツーリズム

た、狭義のヘルスツーリズム（4形態）と広義のヘルスツーリズム（5形態）に分類した点も異なる[9]。ヘルスツーリズムの形態は、基本的には、療養、健康増進、レジャーの3つが対象とされ、5つの形態に分類することができる。多様に定義されているスポーツツーリズムと比較すると、ヘルスツーリズムの形態2から形態5と重なる部分が多く、ヘルスツーリズムとスポーツツーリズムを区別することは難しくなる。

V ヘルスツーリズムの形態と事例タイプの対応関係

社団法人日本観光協会が提唱するヘルスツーリズムの形態[9]を元に、事例タイプとの対応関係は以下の通りである（表4-1）。

形態1（手術・治療）は、メディカルツーリズムとも重なる概念であり、日本以外の東南アジア諸国で多くの事例が見られる。日本の現状では、積極的にメディカルツーリストを受け入れようとする動きは少なく、米国の国際的医療機能評価機関JCI（Joint Commission International）による認証を取得する動きがようやく見られるようになった。日本の医療機関では、2011年にJCIの認証を取得したNTT東日本関東病院をはじめとして、現在7つの医療機関がJCIの認証を受けている[11]。しかし、日本の場合、皆保険制度があるため欧米などの自由診療との差について認識が薄いことや語学的な障壁があることから、形態1やメディカルツーリズムの市場形成は日本では馴染まないことが指摘されている[10]。

現実的に、日本では形態2（療養）から形態5（レジャー）の4形態が主であると

表4-1　ヘルスツーリズムの形態と事例タイプとの対応関係

形態	事例タイプ
形態1：手術・治療	心臓バイパス手術、心臓弁置換術、不妊治療、生殖補助医療、歯科治療、美容形成手術など
形態2：療養	温泉療法、気候療法（アトピーやスギ花粉などのアレルギー回避）、アニマルセラピー（イルカ療法含む）
形態3：診断・疾病予防	PET検診、人間ドック（PET検診除く）、温泉療法、脳トレツアー
形態4：健康増進	温泉療法、森林療法、タラソテラピー（海洋療法）、健康増進プログラム（睡眠、ウォーキング、健康体操、水中運動含む）、食事療法（ファスティング、健康食含む）、脳トレツアー、その他の療法
形態5：レジャー	温泉療法、森林療法、タラソテラピー（海洋療法）、地域交流体験（祭り、郷土料理、エコツーリズム、グリーンツーリズムなど）、脳トレツアー、自然接触型のレジャー活動

考えられる。その中でもタイプ別にヘルスツーリズムの事例を分析した日本観光協会の報告[9]によると、温泉療法単独の事例が70件、温泉療法を絡めた複合タイプの事例が32件、合計102件、全体の5割弱（102/225件）を占めており、温泉療法を含めた事例がヘルスツーリズムの主役となっている。地域別に見ると、沖縄県20件、静岡県18件、長野県16件、北海道12件の順にヘルスツーリズムの事例が多く見られ、沖縄以外はいずれも温泉地が多数ある。このように温泉地の数が多い地域は、比較的ヘルスツーリズムが盛んであることがわかる。また、高橋の報告[2]によると、2006年と2007年のヘルスツーリズム推進地における事例タイプは、温泉療法が総件数1,073件のうち298件、27.8％を占めており、次いで健康増進プログラムが21.5％（231件/1,073件）、食事療法が12.1％（130件/1,073件）であった。基本的には温泉療法が最も多かったが、2008年度から特定検診・保健指導の義務化に伴って、メタボリックシンドロームや生活習慣病対策の影響で健康増進プログラムや食事療法が増えたと考えられる。このようにヘルスツーリズムの形態の違いにも関わらず、日本では温泉療法が主流となってヘルスツーリズムのツアータイプやプログラムが構成されている。

Ⅵ ヘルスツーリズムとスポーツツーリズムの関係

ホールは、ヘルスツーリズムとスポーツツーリズム（Sports Tourism）およびアドベンチャーツーリズム（Adventure Tourism）との関係を参加動機と活動内容を基準に説明している[1]。スポーツツーリズムは、全般的に競争的な領域である反面、ヘルスツーリズムは非競争的な領域であり、スポーツツーリズムとアドベンチャーツーリズムが活発で動的な活動である反面、ヘルスツーリズムは静的な活動であると説明している。しかしながら、若者の体力増強を目的としたスポーツ活動、ハイキングやトレッキングのようなレクリエーション活動もヘルスツーリズムの形態の一つであることを考えると、ヘルスツーリズムは非競争的ではあるが、動的でもあるといえる（図4-3）[1]。

Ⅶ ヘルスツーリズムの意義

日本では、2007年から約680万人の団塊世代が定年退職し、2010年では1人の

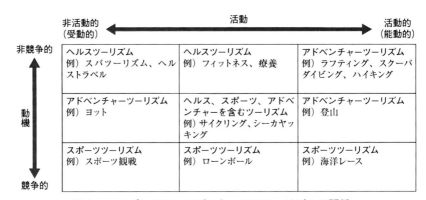

図 4-3　スポーツツーリズムとヘルスツーリズムの関係
(出所) 姜 (2003) より一部改変して引用

高齢者を 2.6 人で支える社会構造になっており、少子高齢化が一層進行している。厚生労働省保険局調査課によると[12]、2025 年には 65 歳以上人口が約 30％を占め、1 人の高齢者を 1.8 人で支え、2060 年には日本の総人口も約 8,700 万人にまで減少する反面、65 歳以上人口が約 40％に拡大し、1 人の高齢者を 1.2 人で支えることになると想定している。同時に、国民医療費も右肩上がりに増加することになる。日本観光協会の報告[9]では、2003 年度に 32 兆円であった国民医療費が、2009 年度では 38 兆円となり、ここ 6 年間で 6 兆円も増加したことになる。また、2025 年にはさらに国民医療費の負担が増し、61 兆円に達すると見込まれている[12]。このような医療保険や介護保険に関する社会的負担を軽減するために、従来の早期診断や治療だけでなく、疾病予防を含めた健康維持・増進の取り組みがますます重要となってくる。したがって、健康維持・増進の取り組みの一環として、ヘルスツーリズムを位置づけることで国民医療費の抑制に寄与することが可能である。

次に、団塊世代の大量退職に伴い、2010 年には高齢化率（65 歳以上人口割合）が 23.1％となった[12]。この世代を含めた高齢者の健康志向の増大や余暇需要の拡大が予想され、そのニーズに伴う多様な観光活動の機会を国民に提供するためにもヘルスツーリズムは期待できると考えられる。

さらに、観光事業および受け入れ側の地域の観点から大きな社会経済的効果をもたらすことが期待できる[9][13]。まず観光事業の観点では、ヘルスツーリズムが観光の一形態として普及してくると、宿泊観光参加回数や宿泊数の増大に伴う事業収

入の増加が見込まれる。また、既存の観光事業が、健康と関わる様々な業種との連携を図りながら滞在日数を延ばすための工夫や新たな旅行商品の企画・開発をすることで、新たなビジネスモデルの創出が期待できる。次に、受け入れ側の地域の観点では、ヘルスツーリズムが健康的な地域づくりの推進、地域のイメージアップや知名度向上、観光消費行動の増加による地方経済の向上、地域内での新たな観光産業の創出、地場産業の振興、地域内の施設やインフラの充実、税収のアップなども期待できる。

Ⅷ ヘルスツーリズムの課題

日本において、ヘルスツーリズムの既存プログラムの多くは、1泊2日や2泊3日の短期旅行で、健康増進を目指す「運動」や「食」を提供するものに留まっており、体系化した予防医学的なサービスになっていないばかりか、その効果を問うには医学的あるいは健康学的に見ても、無理があるものが少なくないことが指摘されている[2]。また、三宅ら[14]は、ヘルスツーリズムの科学的根拠は十分ではなく、保健指導のプログラムとしての課題が多いことや、その効果について医科学的に実証し、経済的および社会的評価を受けることが重要であることを指摘している。つまり、今までのヘルスツーリズムは、旅行滞在期間中に何らかの生理学的な成果を上げるという効能追求型プログラムが主流であった。しかし、最近では旅行を個人の「健康への気づき」の場としてとらえ、リフレッシュや楽しみの要素を取り入れた内容の食育や運動体験を通して、①健康を強く意識させ、②旅行後もその意識を継続させ、③生活習慣病改善・予防につながる行動を支援する、という個人の行動変容を促すプログラム開発が増加傾向にある[13]。高橋の報告[2]によると、ヘルスツーリズムは、旅行前後も視野に入れた総合的な健康増進を考慮して、旅行を通して非日常空間を利用した態度形成、そして日常生活の健康行動への気づきや動機づけを促すものであり、旅行後の日常生活で再現可能な健康教育として捉えている。実際に、山中らの研究[15]によると、生活習慣病対策としての行動変容を目的とした1泊2日の旅行を行い、その後3カ月において携帯電話を用いたセルフモニタリングと週1回の支援メールを配信した結果、介入した旅行群で有意に体重減少が認められ、旅行群の中でもセルフモニタリングの回数が多い者が体重の減少に大きく関与していることが明らかとなった。したがって、旅行後にITによるセルフ

モニタリングと支援を継続することが、ヘルスツーリズムの「行動変容型旅行」をより効果的にすることが示唆され、ヘルスツーリズムにおける行動変容型プログラムの成功例として、今後さらなるプログラム開発が期待される。

一方、米村の報告[4]によると、ヘルスツーリズムの魅力づくりとして、理念や政策において健康効果の科学的根拠の必要性を強調する場合が多いが、そもそも短期間の観光で効果を求めることが難しい状況となっており、また、科学的根拠がどの程度必要であるかはもっと柔軟であるべきだということを指摘している。つまり、ヘルスツーリズムの主体は、観光であり余暇であるという前提がある。ヘルスツーリズムは、あくまでツーリズムであり、医科学的効果への過度のこだわりや、具体的かつ切実な治療・療養目的の移動や来訪は馴染まないと捉えている[4]。

日本で提唱されているヘルスツーリズムの5つの形態の全てにおいて、本当に科学的根拠にこだわる必要があるのであろうか。ヘルスツーリズムは、医療の要素を多く含む形態1から楽しむためのレジャー的要素が多い形態5まで、それぞれ幅を持たせているのが現状である。科学的根拠に関しても、この点と同様の視点が必要である。医療的要素が多い形態に関しては、十分な科学的根拠の裏付けが必要であるが、レジャー的要素が多い形態には、必ずしも科学的根拠を必要としない。なぜならヘルスツーリズムは、あくまで観光をベースに観光行動や余暇をいかに楽しく健康に過ごすかということなので、そこに無理やり科学的根拠を入れることで、ヘルスツーリズムの本来の形態幅が損なわれ、非常に狭義の概念になりかねない。加えて、ヘルスツーリズムのプログラム内容を選択するのは、あくまで観光者自身である。観光者のニーズに応えられるように、過度に科学的根拠にこだわることなく、多様な形態に合わせて様々なプログラムを観光事業者や地域の受け入れ側が検討する必要がある。

そこで、観光者のニーズや観光者自身が自由に選択できるように、科学的根拠を持った医療的要素を含むプログラムから、科学的根拠を必要としないレジャー的要素を持つプログラムまで、それぞれの形態に合ったプログラムの開発が必要となる。そして、今後、さらにヘルスツーリズムを発展させるために、①先進事例の実態調査の実施、②地域資源や施設を戦略的に活用することで、同業種や異業種との連携を図り、利用者の受け入れ態勢について検討するための基本計画や実施計画の策定、③接客サービス地域の人々との心のふれあいが利用者に強い印象を与え、リピート利用や長期滞在の促進につながるように、地域での受け入れ側のホス

ピタリティ（温かくもてなす誠意）意識の向上、④ヘルスツーリズムの普及を支援するために社会保険の適用を拡大する制度による支援などが挙げられる[9]。したがって、このような課題を解決するためには、観光事業者のみならず、地域、行政、医療機関や大学等の研究機関などの協力や支援が必要不可欠となる。ヘルスツーリズムのさらなる発展のために、それぞれの関係機関の様々な試みに今後期待したい。

IX　ヘルスツーリズムにおける科学的根拠を持つ先進事例
1　旅行後のITによる遠隔セルフモニタリングと支援の効果

生活習慣病対策としての行動変容を目的とした1泊2日の旅行（団体バス旅行、バスの中で健康レクチャーやホテル到着後の運動実技、食事指導プログラム、2日目は熊野古道ウォーキングなど）を行い、その後3カ月間において携帯電話を用いたセルフモニタリングと支援メールを週1回の頻度で配信した。旅行群は活動量計を装着し、旅行前1週間、旅行後1週間、1カ月から3カ月後の調査を行い、体重の報

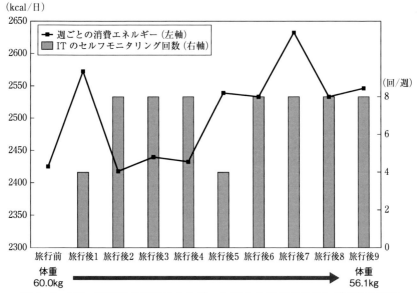

図4-4　3.9kg減量者の消費エネルギーとITセルフモニタリング回数の推移

(出所) 山中ら (2008) から引用し、筆者一部改変

告は旅行群においてセルフモニタリングの記録と非旅行群ではアンケート調査を行った。その結果、3カ月後において旅行群が非旅行群と比較して有意な体重減少が認められ、旅行2カ月後の総消費カロリーは旅行前に比べて有意に高値を示したことから、ITによるセルフモニタリングと支援がヘルスツーリズムの行動変容型旅行として有用であることが明らかとなった。また、体重減少を加速させるためには旅行後のセルフモニタリング回数の増加が重要であることも明らかとなった（図4-4）[15]。

2　沖縄短期スパ旅行

沖縄短期スパ旅行の直接的効果を検証するために、22名の被験者（平均年齢42.6歳±8.2歳）を無作為にスパ実施群と対照群に割付した。スパ実施群は4泊5日の旅程でスパ・メニューを中心とする沖縄保養滞在プログラム（ヘルスチェック、海洋性由来食、海洋環境下アクティビティ、海洋性由来商材によるスパトリートメント、睡眠環境整備）を実施した。滞在中は看護師が、毎朝および日中のバイタルチェック（問診、血圧測定）により健康状態を管理した。対照群には普段の生活を心がけるように指示し、生活活動強度をモニターした。全被験者に3次元加速度計を装着し、期間中の身体活動量と夜間睡眠量を客観的にモニタリングした。その結果、スパ実施群に旅行後に夜間中途覚醒は有意に減少し、睡眠効率の向上が認められた（図4-5）[16]。

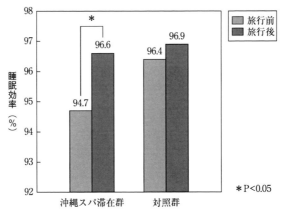

図4-5　旅行前後の睡眠効率の変化

(出所) 荒川 (2010) から引用し筆者一部改変

3 治療の対象として——温泉治療から健康増進・ヘルスツーリズムへ

　温泉入浴により、温熱、静水圧、浮力、温泉成分などの効果が身体に影響を及ぼす。42度の熱い湯は交感神経を刺激し血管を収縮させ、心拍数、体温、血圧の上昇を起こすので、高血圧症、動脈硬化症の患者や高齢者は高温浴を避ける必要がある。一方、37〜39度のぬるめの微温浴は、副交感神経を刺激するため精神的にリラックスした状態になり、ぬるめのお湯にゆっくりと浸かった方が、身体が芯から温まり湯冷めしづらくなる。また、半身浴や寝湯は心肺機能への負担が少なく、心臓の悪い人でも比較的安全に入浴することが可能である。泉質効果について、日帰りや2〜3日の温泉旅行では、泉質効果は期待できない。温泉の存在する土地の気候などの影響を受けながら、数週間にわたって滞在して初めて得ることができる。温泉の免疫効果について、脳血管障害後遺症などのリハビリテーション目的で6週間の入院中、温泉プールでの水中運動などの温泉を活用した治療を行ったところ、免疫機能が活性化されたことから、温泉の免疫増強作用が検証された。さらに、ある町における40歳以上の住民全員を対象にした3年間の追跡調査において、温泉利用頻度の多い群では、死亡、骨折、脳卒中の発生頻度が対照群に比べて有意に少なかったことや、40から65歳の健康な女性を対象にして、3カ月の温泉プールによる週2回の運動教室と週1回の生活・運動指導を行うことで、体重減少、体力増強、心理状態の改善、コレステロール値と中性脂肪値の低下が認められたことから、温泉の利用方法は、疾病治療から健康増進を目的とする予防医学への応用や快適な生活を目的とするウェルネス、そして地域振興につながるヘルスツーリズムへと多様化してきていることがうかがわれる[17]。

4　ヘルスツーリズムにおける食育プログラムの開発

(1) ヘルスツーリズムにおける食育プログラムの基礎的検討

　ヘルスツーリズムにおける食育を展開する際のアセスメントとして、成人を対象として、栄養の偏り等食生活上の問題点を把握するための食事調査と野菜の摂取量と花粉症や鼻炎などのⅠ型アレルギー罹患者との関連性の検討を行った結果、成人の野菜類摂取量が男女共に目標量である350gに達していなかった。また、アレルギー罹患者は、野菜類の摂取量が健常者より低値であった。これらの結果を踏まえて、食育プログラムを体験学習と知識教育を組み合わせた内容にすることで、参加者の満足度も高く、野菜嫌いの改善に効果があることが明らかとなった[18]。

（2）ヘルスツーリズムにおける食育

　思春期の女性を対象としたヘルスツーリズムを企画し、その中で望ましい食生活を実践できるように食育を行った結果、脂質の摂取量は有意に低下し、菓子類の摂取量が少なくなった。一方、ツアー後の食事調査時期が冬だったことや野菜の価格高騰が要因となって、野菜の摂取量に変化が見られなかった。しかしながら、高校で毎年実施している「創作料理コンクール」では、生徒たちのレシピに脂質を控え、野菜の摂取量を多くしたメニューが目立つようになり、また、野菜が苦手な生徒たちも自ら考えて料理を作ることで、野菜を残さず食べることができるようになってきた。これらの結果から、ヘルスツーリズムでの食育は、食生活改善のための意識を高め、望ましい食生活への実践につながったと考えられる[19]。

5　ヘルスツーリズムにおける運動プログラムの開発

（1）ノルディックウォーキングコースの検討（滋賀県雄琴温泉堅田地区）

　ノルディックウォーキングに着目して、通常ウォーキングと心拍数および酸素摂取量を比較し、運動強度に合わせたウォーキングコースの作成を試みた。歩行中の心拍数は通常ウォーキングよりノルディックウォーキングの方が平均で5％弱程度高く、酸素摂取量は平均で17％程度高い数値を示した。これらのことからノルディックウォーキングは、通常ウォーキングより同じ速度で歩いても運動強度が高いことが明らかとなった。運動強度を増加させるためには、従来、歩行速度を上げることや重りを持つことが挙げられる。しかし、高齢者は歩行すること自体が困難であり、また、転倒するリスクも考えられる。そこで、ノルディックウォーキングを用いることで歩行速度を上昇させることなく運動強度を上げることが可能となり、そして、ストックを持ってウォーキングすることで支持点が増え、転倒のリスクを軽減し安全に歩行することができると考えられる。

　30分コースは、平安時代に雄琴の地を支配した小槻氏の祖・今雄宿禰（いまおのすくね）を主祭神とする雄琴神社が中心となるコースである。総距離も往復1.5kmと短いため、ウォーキング初心者や体力に自信のない人でも安心のコースである（図4-6）。60分コースは、668年創建された那波加神社や雄琴神社の祭神、今雄宿禰が創建したとされる法光寺などの寺社がメインとなるコースである。このコースの中盤には、雄琴の街と琵琶湖を一望できる見晴台があり、総距離5kmでアップダウンがあるのでしっかり歩きたい人にお勧めのコースである（図4-7）。120分コースは、松尾

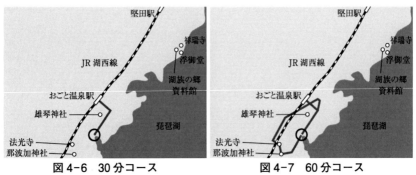

図4-6　30分コース　　　　　図4-7　60分コース

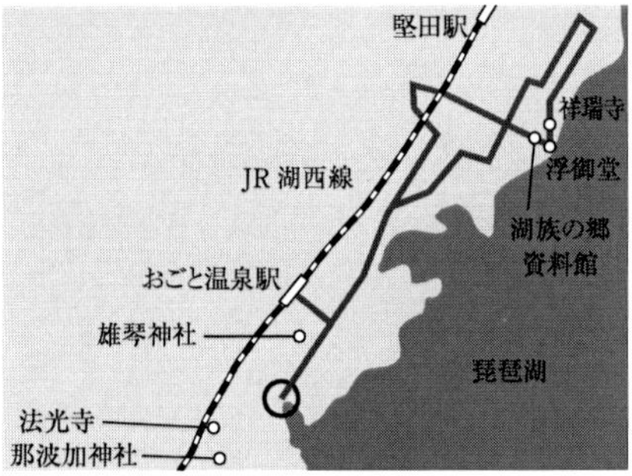

図4-8　120分コース

芭蕉や三島由紀夫といった文人の句碑や文学碑が多く残る湖族の街「堅田」がコースの中心となり、頓知話で有名な一休和尚が修行した祥瑞寺や近江八景「堅田の落雁」でも知られる浮御堂がある。総距離は約12kmであり、湖族の郷資料館もあるので歴史に興味がある人あるいはウォーキング上級者にお勧めのコースである（図4-8）[20]。それぞれのコースにおける測定値は表4-2の通りである。

(2) フィットネス・ウォーキングコースの検討（山梨県内の各市町）

　山梨県のヘルスツーリズムとして、着地型観光を目指すために文化的および歴史的な地域資源があることや日帰り温泉を組み込めるなどの7つの条件を満たした山梨県内の12市町のウォーキングコースが選定され（表4-3）、12コースの身体活動量と定期的なフィットネス・ウォーキングが形態や体組成、体力測定項目に及ぼす影響を検証した。その結果、県内の12コースの歩数や運動量を含めた身体活動量がそれぞれ把握できたこと、また、各コースにおける2～4日に一度のフィットネ

第4章　スポーツツーリズムとヘルスツーリズム

表4-2　各コースの測定値

測定項目	30分コース	60分コース	120分コース
総距離	1,500m	5,100m	12,000m
所要時間	20分	65分	140分
歩数	2,069歩	6,584歩	14,363歩
消費カロリー	97.6kcal	331.0kcal	620.2kcal
最高心拍数	147.8拍/分	146.0拍/分	150.0拍/分
最低心拍数	81.2拍/分	85.2拍/分	73.6拍/分
平均心拍数	107.8拍/分	111.2拍/分	103.4拍/分
最高強度	75.0%	73.4%	75.2%
最低強度	40.8%	43.0%	18.5%
平均強度	54.0%	56.0%	52.0%

(注) 強度は最大酸素摂取量レベルを100%とした値を表記
(出所) 若吉ら (2010) から引用し筆者一部改変

表4-3　12カ所のフィットネス・ウォーキングコースの概要と身体活動量

市町村名	コース名称	全長	所要時間	最寄駅	温泉	歩数(歩)	METs (METs)	Ex (METs・時)	消費エネルギー(kcal)
①甲府市	武田家の歴史をひも解く甲斐の道	L 10km S 5km	6時間	JR甲府駅	積翠寺温泉	19,849～20,532	2.79～3.15	13.86～15.63	471.5～677.0
②大月市	なつかしい昔の風景	L 13km	7時間	JR鳥沢駅、猿橋駅	秋山温泉	22,198～23,238	3.01～3.14	17.37～18.13	572.6～916.4
③富士吉田市	私だけの富士山を見つけになつかしい風景のレトロ街を歩こう	L 9km S 5km	5時間半	富士急行線富士田駅からバスで10分	ふじやま温泉	17,465～17,763	2.86～2.95	14.28～14.76	481.7～687.8
④北杜市(小淵沢)	高原の遊歩道でおもいっきり森林浴をしよう	L 12km	6時間	JR小海線清里駅 ※小淵沢駅からバス	甲斐大泉温泉パノラマの湯	20,946～21,510	2.86～2.96	14.57～15.11	474.3～702.2
⑤笛吹市	三つの足湯を制覇しよう！	L 10km	4時間半	JR石和温泉駅	石和温泉郷	17,516～18,405	2.89～3.03	12.03～12.65	388.1～628.5
⑥都留市	自然探索と歴史の足跡	L 10km	6時間	富士急行線都留市駅	月待ちの湯	16,502～17,992	2.78～2.93	15.01～15.82	477.0～772.6
⑦富士河口湖町	美しい眺望、自然の神秘・足しさを体感する樹海散策	S 7km	5時間半	富士急行線河口湖駅	河口湖温泉郷	17,267～17,872	2.60～2.88	11.46～12.65	374.1～579.9
⑧身延町	豊かな自然に包まれて歩く静寂の地身延山	S 8km	5時間	JR身延線身延駅よりバスで10分	身延温泉 門野の湯 (宿坊泊可)	16,378～17,211	2.90～2.98	14.30～14.72	482.9～695.5
⑨甲州市	タイムトンネルと芳醇な香りへの誘い	L 12km	5時間	JR勝沼ぶどう郷駅	天空の湯	19,831～19,951	2.84～3.27	14.85～15.36	500.0～550.4
⑩北杜市(清里)	高原の爽やかな空気でリフレッシュ	L 11km	6時間	JR小淵沢駅	スパティオ延命の湯	18,334～18,688	2.94～3.08	12.33～12.95	428.6～648.8
⑪増穂町	明治、昭和時代の宝物さがしと公園散策	L 10km	6時間半	JR身延線市川大門駅	まほらの湯	19,499～20,483	2.71～2.81	14.71～15.29	472.0～730.9
⑫韮崎市	春爛漫の桃源郷と果実郷へようこそ	L 14km	6時間	JR新府駅	百楽泉	24,345～25,105	3.08～3.29	16.83～17.97	560.7～845.0

(注) L:ロングコース (9km以上)、S:ショートコース (9km未満)、甲府市と富士吉田市はロングコースの値を示す。
    METs: Metabolic Equivalents, Ex: エクササイズ
(出所) 川田ら (2011) から引用し筆者改変

ス・ウォーキングにより体脂肪率の減少や下肢筋力および全身持久力の向上が見られた[21]。

【参考文献】

[1] 姜淑瑛「ヘルスツーリズム（Health Tourism）の理論と実際――韓国と日本の事例分析」第9回観光に関する学術研究論文入選論文集、財団法人アジア太平洋観光交流センター、pp.32-49、2003年
[2] 高橋伸佳「ヘルスツーリズムの歴史と現代社会で求められている機能」日本渡航医学会誌、1 (1)、pp.1-5、2007年
[3] 原田宗彦・木村和彦『スポーツ・ヘルスツーリズム』大修館書店、pp.57-59、2009年
[4] 米村恵子「ヘルスツーリズム（Health Tourism）についての考察」江戸川大学紀要、20、pp.281-289、2010年
[5] 姜淑瑛「ヘルスツーリズムの意味と展開」立教観光学研究紀要、8、pp.91-95、2006年
[6] 姜淑瑛「ヘルスツーリズムの行動特性に関する考察――日常生活における健康行動を中心として」立教観光学研究紀要、5、pp.3-12、2003年
[7] 国土交通省『観光立国推進基本計画（平成24年3月30日）』
http://www.mlit.go.jp/common/000208713.pdf
[8] NPO法人日本ヘルスツーリズム振興機構公式サイト
http://www.npo-healthtourism.or.jp/about/index.html
[9] 社団法人日本観光協会『平成18年度全国広域観光振興事業 ヘルスツーリズムの推進に向けて：ヘルスツーリズムに関する調査報告書』社団法人日本観光協会、2007年
[10] 藤崎健吉・森千里「医療・健康を資源とした新たな都市の価値創造――メディカルツーリズムからのアプローチ」千葉医学、85、pp.339-345、2009年
[11] Joint Commission International 公式ウェブサイト
http://www.jointcommissioninternational.org/JCI-Accredited-Organizations/
[12] 厚生労働省保険局調査課『医療費の見通しの推計方法について（平成24年8月6日）』
http://www.mhlw.go.jp/bunya/shakaihosho/iryouseido01/pdf/h240806_3-1.pdf
[13] 日根かがり「地域振興からみたヘルスツーリズムの意義と課題」日本渡航医学会誌、1 (1)、pp.6-9、2007年
[14] 三宅眞理・高橋伸佳・日根かがり・木下藤寿・田嶋佐和子・木村穣・仁木稔・西山利正「ヘルスツーリズムからみた生活習慣病対策」臨床スポーツ医学、25 (2)、pp.147-155、2008年
[15] 山中裕・三宅眞里・田嶋佐和子・仁木稔・日根かがり・木下藤寿・高橋伸佳・木村穣・西山利正「ヘルスツーリズム『行動変容型旅行』における旅行後のITによる遠隔セルフモニタリングと支援の効果」日本遠隔医療学会雑誌、4 (2)、pp.348-350、2008年

［16］荒川雅志「スパセラピーのエビデンス──ヘルスツーリズム振興に向けた学術基盤整備」琉球大学観光科学、2、pp.47-62、2010年
［17］大塚吉則「治療の対象として──温泉治療から健康増進・ヘルスツーリズムへ」温泉科学、59、pp.218-222、2009年
［18］三田村理恵子・葛西隆則・西村孝司「ヘルスツーリズムにおける食育プログラムの基礎的検討」藤女子大学QOL研究所紀要、4（3）、pp.171-180、2010年
［19］三田村理恵子「ヘルスツーリズムにおける食育」藤女子大学QOL研究所紀要、6（1）、pp.31-35、2011年
［20］若吉浩二・中岡慎吾「地域資源を活用したヘルスツーリズムにおける運動プログラムの開発に関する研究──ノルディックウォークに着目して」びわこ成蹊スポーツ大学研究紀要、8、pp.29-35、2010年
［21］川田裕樹・林田はるみ・佐藤文昭・田草川憲男「山梨県におけるヘルスツーリズムとしてのフィットネス・ウォーキングコースの検討──県内12コースの実地調査および効果検証の試み」帝京科学大学紀要、17、pp.67-75、2011年

おわりに

　観光は、21世紀のリーディング産業ともいわれ、旅行業、宿泊業、輸送業、飲食業などによる裾野の広い産業である。このため、「観光立国」を目指すわが国では、2007年1月「観光立国推進基本法」を施行し、「観光立国推進基本計画」を策定するなど、その取り組みを強化してきた。具体的には、観光庁の施策として「エコツーリズム」「グリーンツーリズム」「ヘルスツーリズム」などをニューツーリズムとして位置づけ、さらにスポーツと観光を融合させた新しい観光連携分野として、「スポーツ観光（スポーツツーリズム）」を推進している。

　このようなスポーツツーリズムに関する研究は、これまで十分なされておらず、わが国における観光立国実現には、必要不可欠なものとなってくるであろう。

　手探りで始めたこの分野の研究ではあるが、今後も継続的な調査研究を行い、さらなるスポーツツーリズムの可能性を探るとともに、とりわけ生涯スポーツ社会実現に向けた研究をすすめていければと考える。

　グラウンド・ゴルフの調査については、湯梨浜町長宮脇正道氏、鳥取県グラウンド・ゴルフ協会理事長河本清廣氏、パークゴルフの調査については、前パークゴルフ協会会長前原懿氏、同協会会長三井巌氏、同協会常務理事堂前芳昭氏、卓球の調査については、益田信用組合理事長伊東祐氏、下呂市長野村誠氏、同市教育委員会教育長長谷川藤三氏、同市卓球協会会長片田賢一氏のほか、大会関係者の皆様に心から御礼を申し上げる。

　最後に、本書の出版にあたっては、唯学書房村田浩司氏にお世話になり、心より感謝を申し上げる。

2015年8月
執筆者一同

愛知東邦大学　地域創造研究所

　愛知東邦大学地域創造研究所は 2007 年 4 月 1 日から、2002 年 10 月に発足した東邦学園大学地域ビジネス研究所を改称・継承した研究機関である。従来の経営学部（地域ビジネス学科）の大学から、人間学部（子ども発達学科〔2014 年 4 月 1 日より、教育学部 子ども発達学科〕、人間健康学科）を併設する新体制への発展に伴って、新しい研究分野も包含する名称に変更したが、「地域の発展をめざす研究」という基本目的はそのまま継承している。

　当研究所では、研究所設立記念出版物のほか年 2 冊のペースで「地域創造研究叢書（旧 地域ビジネス研究叢書）」を編集しており、創立以来 12 年の間に下記 24 冊を、いずれも唯学書房から出版してきた。

- 『地域ビジネス学を創る――地域の未来はまちおこしから』（2003 年）
- 『地場産業とまちづくりを考える（地域ビジネス研究叢書No.1)』（2003 年）
- 『近代産業勃興期の中部経済（地域ビジネス研究叢書No.2)』（2004 年）
- 『有松・鳴海絞りと有松のまちづくり（地域ビジネス研究叢書No.3)』（2005 年）
- 『むらおこし・まちおこしを考える（地域ビジネス研究叢書No.4)』（2005 年）
- 『地域づくりの実例から学ぶ（地域ビジネス研究叢書No.5)』（2006 年）
- 『碧南市大浜地区の歴史とくらし――「歩いて暮らせるまち」をめざして（地域ビジネス研究叢書No.6)』（2007 年）
- 『700 人の村の挑戦――長野県売木のむらおこし（地域ビジネス研究叢書No.7)』（2007 年）
- 『地域医療再生への医師たちの闘い（地域創造研究叢書No.8)』（2008 年）
- 『地方都市のまちづくり――キーマンたちの奮闘（地域創造研究叢書No.9)』（2008 年）
- 『「子育ち」環境を創りだす（地域創造研究叢書No.10)』（2008 年）
- 『地域医療改善の課題（地域創造研究叢書No.11)』（2009 年）
- 『ニュースポーツの面白さと楽しみ方へのチャレンジ――スポーツ輪投げ「クロリティー」による地域活動に関する研究（地域創造研究叢書No.12)』（2009 年）
- 『戦時下の中部産業と東邦商業学校――下出義雄の役割（地域創造研究叢書No.13)』（2010 年）
- 『住民参加のまちづくり（地域創造研究叢書No.14)』（2010 年）

- 『学士力を保証するための学生支援――組織的取り組みに向けて（地域創造研究叢書 No.15）』（2011 年）
- 『江戸時代の教育を現代に生かす（地域創造研究叢書 No.16）』（2012 年）
- 『超高齢社会における認知症予防と運動習慣への挑戦――高齢者を対象としたクロリティー活動の効果に関する研究（地域創造研究叢書 No.17）』（2012 年）
- 『中部における福澤桃介らの事業とその時代（地域創造研究叢書 No.18）』（2012 年）
- 『東日本大震災と被災者支援活動（地域創造研究叢書 No.19）』（2013 年）
- 『人が人らしく生きるために――人権について考える（地域創造研究叢書 No.20）』（2013 年）
- 『ならぬことはならぬ――江戸時代後期の教育を中心として（地域創造研究叢書 No.21）』（2014 年）
- 『学生の「力」をのばす大学教育――その試みと葛藤（地域創造研究叢書 No.22）』（2014 年）
- 『東日本大震災被災者体験記（地域創造研究叢書 No.23）』（2015 年）

　当研究所ではこの間、愛知県碧南市や同旧足助町（現豊田市）、長野県売木村、豊田信用金庫などから受託研究や、共同・連携研究を行い、それぞれ成果を発表しつつある。研究所内部でも毎年 5 ～ 6 組の共同研究チームを組織して、多様な角度からの地域研究を進めている。本報告書もそうした成果の 1 つである。また学校法人東邦学園が所蔵する、9 割以上が第 2 次大戦中の資料である約 1 万 4,000 点の「東邦学園下出文庫」も、ボランティアの皆さんのご協力で整理を終え、当研究所が 2008 年度から公開している。

　そのほか、月例研究会も好評で、学内外研究者の交流の場にもなっている。今後とも、当研究所活動へのご協力やご支援をお願いするしだいである。

執筆者紹介

藤森　憲司／愛知東邦大学経営学部地域ビジネス学科教授（第1章担当）
杉谷　正次／愛知東邦大学経営学部地域ビジネス学科教授（第2章担当）
青木　　葵／元愛知東邦大学経営学部地域ビジネス学科教授（第3章Ⅰ担当）
石川　幸生／愛知東邦大学人間学部人間健康学科教授（第3章Ⅱ、Ⅲ、Ⅳ担当）
葛原　憲治／愛知東邦大学人間学部人間健康学科教授（第4章担当）

地域創造研究叢書No.24
スポーツツーリズムの可能性を探る
——新しい生涯スポーツ社会への実現に向けて

2015年11月30日　第1版第1刷発行　　　※定価はカバーに
　　　　　　　　　　　　　　　　　　　　表示してあります。

編　者——愛知東邦大学　地域創造研究所

発　行——有限会社　唯学書房
　　　　　〒101-0061　東京都千代田区三崎町2-6-9　三栄ビル302
　　　　　TEL　03-3237-7073　　FAX　03-5215-1953
　　　　　E-mail　yuigaku@atlas.plala.or.jp
　　　　　URL　http://www.yuigaku.com

発　売——有限会社　アジール・プロダクション

装　幀——米谷　豪
印刷・製本——中央精版印刷株式会社

©Community Creation Research Institute, Aichi Toho University
2015 Printed in Japan
乱丁・落丁はお取り替えいたします。
ISBN978-4-908407-00-0 C3375